WESTEND

Mai 2015

Carpe Diem!

Wolfgang [illegible]

Wolfgang Staudt ist Weinprofi und Dozent mit dem weltweit angesehenen Diploma in Wine and Spirits. Seit 1995 ist er selbstständiger Veranstalter von Seminaren, Schulungen und Weinevents. Zuletzt erschien von Wolfgang Staudt »Die 100 besten Weine der Welt« (Westend 2014)
www.staudt-weinseminare.de

Wolfgang Staudt

WEINWISSEN KOMPAKT

Fit für Beruf und Karriere

WESTEND

Mehr über unsere Autoren und Bücher:
www.westendverlag.de

Die Deutsche Nationalbibliothek verzeichnet diese Publikation in der Deutschen Nationalbibliografie; detaillierte bibliografische Daten sind im Internet über http://dnb.d-nb.de abrufbar.

FSC
www.fsc.org
MIX
Papier aus verantwortungsvollen Quellen
FSC® C083411

ISBN: 978-3-86489-089-5

Umschlaggestaltung: Buchgut, Berlin
Satz: Publikations Atelier, Dreieich
Druck und Bindung: CPI – Clausen & Bosse, Leck
Printed in Germany

Inhalt

»Man kann einen Menschen nichts lehren,
man kann ihm nur helfen,
es in sich selbst zu entdecken.«
Galileo Galilei

Für Karen und Frederik

Schöne neue Weinwelt

Die Zeiten, in denen Wein das Privileg einer kleinen Oberschicht war, sind zum Glück längst vorbei. Bis noch vor wenigen Jahrzehnten präsentierte sich die deutschsprachige Weinwelt klein und versnobt, die angesehenen Weine kamen aus Frankreich und es gab nur wenige Fachgeschäfte. Wein hatte ein steifes, verstaubtes Image, die Weinwelt strahlte wenig Attraktivität aus. Besonders junge Menschen waren überzeugt, dass Weinliebhaber eitle und elitäre Zeitgenossen seien, die mit einer gewissen Überheblichkeit auf »Normalmenschen« herabblickten.

Inzwischen hat Wein weite Bevölkerungskreise erobert, immer mehr Menschen schätzen ihn als Begleiter guter Mahlzeiten, als Gefährte lebhafter Gespräche und besinnlicher Momente. Und nie zuvor hat es ein so reichhaltiges, jederzeit und für jedermann verfügbares Angebot gegeben. Jeder hat die Qual der Wahl. Die Weinwelt von heute ist bunt, attraktiv und faszinierend schön, aber auch verstörend komplex und manchmal überfordernd. Es ist nicht leicht, sich hier auf Anhieb zurechtzufinden, Etiketten zu dechiffrieren, Qualitäten zu unterscheiden, Preisdifferenzen nachzuvollziehen und im Dickicht der Angebote die passenden Kaufentscheidungen zu treffen.

Weitere Fragen verstärken die Verunsicherungen: Wie und wie lange soll man einen Wein lagern, bevor er seine volle Genussreife erreicht hat? Wann sollte die Flasche geöffnet und welcher Wein sollte dekantiert werden? Sind auch Schraubverschlüsse akzeptabel? Bei welcher Temperatur und aus welchen Gläsern soll man Wein servieren? Welcher Wein passt zu welchen Anlässen? Da diese Fragen offen auf dem Tisch liegen, scheint Weingenuss nicht mehr uninformiert und unbefangen möglich zu sein.

Verschärft werden die Unzulänglichkeitsgefühle durch die vorherrschende Weinkommunikation. Überall trifft man auf detailreiche, aber kaum nachvollziehbare Weinbeschreibungen. Es ist üblich geworden, mit Akribie die sensorischen Empfindungen beim Weingenuss, vor allem die Dufteindrücke, in allen Einzelheiten aufzulisten. Das macht manche skeptisch, viele andere verunsichert es und schüchtert sie ein. Manche haben Angst, kein schlaues Statement abgeben zu können, angesagte Weine nicht zu kennen, vor allem aber nicht das zu riechen und zu schmecken, was andere riechen und schmecken, und nicht die Weine zu mögen, die die Kenner favorisieren. Viele Menschen kommen zu der Überzeugung, dass echter Weingenuss nur möglich ist, wenn man Kenner oder Liebhaber ist, ausgestattet mit viel Produktwissen und einem überdurchschnittlich sensiblen und erfahrenen Gaumen. Und so wenden sich nicht wenige frustriert ab.

Tatsächlich ist Wein kein einfaches Produkt und es soll hier auch gar nicht der Eindruck erweckt werden, der Zugang sei spielend und im Nu zu bekommen. Die Vielfalt der Angebote ist riesig, die Flaschenetiketten sind kompliziert und die gängigen Weinbeschreibungen irritierend. Aber sollten Sie deshalb den Freuden, die der Wein bereithält, entsagen?

Ich sage darauf: Machen Sie es sich gemütlich und genießen Sie entspannt ein Gläschen Wein. Verschwenden Sie keine Gedanken daran, was Sie wissen und was Sie nicht wissen. Scheren Sie sich nicht darum, was Sie riechen und schmecken sollten. Tagträumen Sie einfach und überlassen Sie sich Ihren inneren Bildern und Empfindungen. Lassen Sie sich berühren und vielleicht ein wenig fortragen. Selbst wenn mehr in einem Wein steckt, als Sie auf Anhieb zu erkennen vermögen, bleibt der Genuss eines Gläschens doch ein ganz wundervolles Erlebnis – und das ist der eigentliche Daseinszweck eines jeden Weines.

Wer im beruflichen Umfeld immer wieder mit dem Thema Wein konfrontiert wird, tut gut daran, auch hier einen entspannten Umgang zu pflegen. Darüber hinaus kann es überaus nützlich sein, sich ein wenig mit der Weinwelt vertraut zu machen. Sie werden sich bei Geschäftsessen wohler fühlen und den Small Talk mit Kollegen souveräner gestalten, wenn Sie die wichtigsten Weinstile und Qualitäten kennen, ein Gefühl für Preise entwickelt haben und ein wenig mit der Weinsprache vertraut sind. Dieses Büchlein bietet Ihnen alles, was Sie benötigen, um ein besseres Gefühl für Wein zu bekommen und dem Thema zukünftig sicherer und selbstbewusster zu begegnen.

Die Basics für ein besseres Weinverständnis

In diesem ersten Teil des Buches vermittele ich Ihnen elementares Orientierungswissen rund um das Thema Wein. Nur das wirklich Wichtige kommt hier zur Sprache: Damit Sie sich sicherer in der Welt des Weines bewegen und souveräner darüber reden können, ist es weder erforderlich, die Details der Weinbergsarbeiten und Kellertechniken zu kennen, noch das Kleingedruckte der Weingesetze studiert zu haben. Aber ganz ohne Weinwissen geht es auch nicht. Zum elementaren Wissenskanon gehört es, die Flaschenetiketten lesen zu können, die Namen der wichtigsten Rebsorten und Anbaugebiete zu kennen, einen Überblick über die relevanten Weinstile zu haben und die Qualität und stilistische Performance eines Weines in eigenen Worten beschreiben zu können. Und schließlich ist es enorm hilfreich, die Bedeutung wichtiger Begriffe, die in Weinbeschreibungen und Gesprächen immer wieder auftauchen, zu kennen.

1. Flasche, Etikett und Preis

Wer heute in einer gut sortierten Weinhandlung nach einer passenden Flasche Ausschau hält, darf sich über eine riesengroße Auswahl freuen – er sieht sich jedoch zugleich mit einer so ungeheuren Flut an Bezeichnungen und Geschmacksrichtungen konfrontiert, dass die Orientierung schwerfällt. Nur wer das Groß- und Kleingedruckte der Etiketten und Preisschilder richtig zu lesen und einzuschätzen versteht, kann sich eine realistische Vorstellung vom Flascheninhalt machen.

Flaschenetiketten

Die Flaschenetiketten geben vor, der Personalausweis des Weines zu sein. Sie wollen durch eine gelungene ästhetische Gestaltung und allerlei Mitteilungen zum Kauf der Flasche motivieren. Während jedoch das Design große gestalterische Spielräume lässt, sind die Informationen, die ein Etikett enthalten muss, oftmals bis ins Detail geregelt.

Die aufschlussreichsten Hinweise über den Flascheninhalt verbergen sich hinter den Namen von Wein und Produzent. Aber auch die gesetzlichen Qualitätseinstufungen und die Jahrgangsangaben enthalten wertvolle Hinweise. Alle anderen Informationen sind dagegen in ihrer Bedeutung zweitrangig. Einige sind in Kapitel 6 »Die wichtigsten Weinbegriffe« erklärt.

Weinnamen

Für die Namensgebung kommen drei verschiedene Ansätze zum Einsatz:

a) die Heimat des Weines
b) die Rebsorte, aus der er gemacht ist
c) ein Marken- oder Phantasiename

Während Marken- und Phantasienamen in der Regel auf einfache, aber stets gleichbleibende Qualitäten hindeuten, weist die Angabe von Ursprungsgebiet und Rebsorte den Weg zu den interessanteren Weinen. Mit etwas Erfahrung lässt sich sehr viel über einen Wein sagen, wenn Sie wissen, woher er kommt und aus welcher Rebsorte er gemacht ist. Fragen der Qualität werden damit jedoch nur indirekt berührt. Manche Regionen und Rebsorten haben zwar gute Voraussetzungen, exzellente Qualitäten hervorzubringen, doch das gelingt längst nicht in allen Fällen. Riesling kann genial, aber auch ganz fürchterlich schmecken. Bordeaux in Discountqualität schmeichelt selten dem Gaumen, die Premiumvertreter sind Weltklasse.

Für die Qualität eines Weines steht letztlich allein der Name des Produzenten. Sein Können und Engagement in Weinberg und Keller entscheiden darüber, ob Sie einen einfachen, guten oder erstklassigen Riesling oder Bordeaux in Händen halten. Deshalb ist es ratsam, sich die Namen der seriösen und zuverlässigen Produzenten fest ins Gedächtnis einzuprägen – so wie es auch ratsam ist, die Namen der guten Interpreten zu kennen, wenn sie Mozart in vollen Zügen genießen wollen. Notieren Sie sich den Namen des Weingutes, wann immer Sie einen bemerkenswerten Wein im Glas hatten. Und wenn Sie selbst noch wenig Erfahrung haben, nutzen Sie die Empfehlungen von weininteressierten Freunden oder blättern Sie mal einen der vielen Weinführer durch, für deutsche Weine zum Beispiel den *Gault Millau* oder den *Eichelmann*, für die ganze Welt in knapper Form den *Kleinen Johnson*.

Geographische Namen/Appellationen

Die meisten europäischen Länder ziehen einen geographischen Namen vor: zum Beispiel Bordeaux (Frankreich), Chianti (Italien), Rioja (Spanien), Douro (Portugal), Tokaj (Ungarn). Das liegt daran, dass diese Regionen einen typischen, historisch gewachsenen und territorial abgrenzbaren Weinstil hervorbringen. Je kleiner die Gebiete gefasst sind, desto homogener und hochwertiger ist in der Regel die Qualität der Weine.

Dazu ein Beispiel: Ein einfacher Rhône-Wein wird unter der geographisch weit gefassten Bezeichnung »Côte du Rhône« vermarktet, etwas besserer entsteht in den Teilgebieten mit der Bezeichnung »Côte-du-Rhône Villages«. Die besten Rhône-Weine kommen jedoch aus jenen kleinen Teilgebieten, denen es erlaubt ist, ihren Weinen den Namen der Gemeinde zu geben, auf dessen Grund und Boden die Trauben gewachsen sind (zum Beispiel Châteauneuf-du-Pape, Gigondas, Hermitage). Auch die besten Bordeaux-Weine kommen aus den geografisch kleinsten Gebieten, zum Beispiel aus Margaux, Pauillac oder Saint-Estèphe, drei Teilgebieten des Haut-Médoc. Das Haut-Médoc ist Teil des Médoc, und dieses wiederum Teil des Großraums Bordeaux, die Bezeichnung für die einfachsten Weine des Gebietes.

Woran erkennen Sie nun, bei welcher Angabe auf dem Etikett es sich um einen geographischen Namen handelt, nach französischem Vorbild auch Appellationsname (siehe Seite 65) genannt? Ganz einfach: Auf den Appellationsnamen folgt immer der Begriff für die geschützten Ursprungsbezeichnungen:

- Appellation d'Origine Contrôlée (AOC) in Frankreich
- Denominazione di Origine Controllata (DOC) und Denominazione di Origine Controllata e Garantita (DOCG) in Italien
- Denominación de Origen (D.O.) und Denominación de Origen Calificada (D.O.Ca.) in Spanien
- Denominação de Origem Controlada (DOC) in Portugal
- Onomasia Proléfseos Anoteras Piótitos (OPAP) in Griechenland.

Nach neuem europäischem Recht haben sich diese Bezeichnungen geringfügig verändert, aber die folgenden alten dürfen weiterhin verwendet werden:

- in Frankreich: Appellation d'Origine Protégée (AOP)
- in Italien: Denominazione di Origine Protetta (DOP)
- in Spanien: Denominación de Origen Protegida (DOP)
- in Portugal: Denominação de Origem Protegida (DOP)
- in Griechenland: Prostatevomenis Onomasias Proléfsis (POP).

Die nachfolgenden Tabellen geben Ihnen einen Überblick über die wichtigsten europäischen Ursprungsgebiete, die dort zum Einsatz kommenden Rebsorten sowie den Preiskorridor der Weine (siehe dazu Seite 31).

Appellationen Frankreich

Appellationen	Region	Rebsorten Weiß	Rebsorten Rot	Preise
Alsace	Elsass	Gewürztraminer, Muscat, Pinot Blanc, Pinot Gris, Riesling, Sylvaner	Pinot Noir	1 bis 3
Alsace Grand Cru	Elsass	Gewürztraminer, Muscat, Pinot Blanc, Pinot Gris, Riesling		2 bis 4
Anjou	Loire	Chenin Blanc, Chardonnay, Sauvignon Blanc	Cabernet Franc, Cabernet Sauvignon, Pineau d'Aunis	1 bis 3

Appellationen	Region	Rebsorten Weiß	Rebsorten Rot	Preise
Arbois	Jura	Savagnin, Chardonnay	Plousard, Trousseau, Pinot Noir	1 bis 3
Bandol	Provence	Bourboulenc, Clairette, Ugni Blanc	Mourvèdre, Grenache, Cinsaut, Syrah, Carignan	2 bis 3
Banyuls	Roussillon		Grenache	
Barsac	Bordeaux	Sémillon, Sauvignon Blanc, Muscadelle		3 bis 5
Beaujolais, Beaujolais Cru	Burgund	Chardonnay, Aligoté	Gamay	1 bis 3
Beaune	Burgund	Chardonnay	Pinot Noir	2 bis 5
Bergerac	Südwesten	Sémillon, Sauvignon Blanc, Muscadelle	Cabernet Sauvignon, Cabernet Franc, Merlot, Malbec	1 bis 3
Bordeaux, Bordeaux Supérieur	Bordeaux	Sémillon, Sauvignon Blanc, Muscadelle	Cabernet Sauvignon, Cabernet Franc, Merlot, Malbec, Petit Verdot	1 bis 3
Bourg, Côtes de Bourg	Bordeaux	Sémillon, Sauvignon Blanc, Muscadelle	Cabernet Sauvignon, Cabernet Franc, Merlot, Malbec, Petit Verdot	2 bis 3
Bourgogne	Burgund	Chardonnay	Pinot Noir	1 bis 3
Cahors	Südwesten		Malbec, Merlot, Tannat	2 bis 3

Appellationen	Region	Rebsorten Weiß	Rebsorten Rot	Preise
Canon, Canon-Fronsac	Bordeaux		Merlot, Cabernet Franc, Cabernet Sauvignon	2 bis 4
Chablis	Burgund	Chardonnay		2 bis 5
Chambertin	Burgund		Pinot Noir	4 bis 5
Chambolle-Musigny	Burgund		Pinot Noir	3 bis 5
Champagne	Champagne	Chardonnay	Pinot Noir, Pinot Meunier	3 bis 5
Châteauneuf-du-Pape	Rhône	Bourboulenc, Roussanne, Clairette, Picpoul, Terret Noir, Counoise, Muscardin, Vaccarèse, Picardin	Grenache, Cinsaut, Syrah, Mourvèdre	3 bis 5
Chinon	Loire		Cabernet Franc, Cabernet Sauvignon	2 bis 3
Collioure	Roussillon		Grenache, Carignan, Cinsaut, Syrah, Mourvèdre	2 bis 3
Corbières	Languedoc		Carignan, Grenache, Mourvèdre, Syrah, Cinsaut	1 bis 3
Cornas	Rhone		Syrah	3 bis 5
Corton	Burgund		Pinot Noir	4 bis 5
Costières de Nîmes	Provence		Carignan, Grenache, Mourvèdre, Syrah, Cinsault	1 bis 3

Appellationen	Region	Rebsorten Weiß	Rebsorten Rot	Preise
Côte-Rôtie	Rhône	Viognier	Syrah	3 bis 5
Côteaux du Languedoc	Rhône	Grenache Blanc, Picpoul, Bourboulenc, Roussanne, Marsanne, Rolle	Carignan, Grenache, Mourvèdre, Syrah, Cinsault	1 bis 3
Côtes de Castillon	Bordeaux		Cabernet Franc, Cabernet Sauvignon, Merlot	2 bis 3
Côtes du Frontonnais	Südwesten		Négrette, Malbec, Fer, Syrah	1 bis 3
Côtes du Jura	Jura	Savagnin, Chardonnay	Plousard, Trousseau, Pinot Noir	2 bis 3
Côtes du Luberon	Provence		Carignan, Grenache, Mourvèdre, Syrah, Cinsaut	1 bis 3
Côtes de Provence	Provence		Carignan, Grenache, Mourvèdre, Syrah, Cinsaut	1 bis 3
Côtes du Rhône	Rhone		Grenache, Mourvèdre, Syrah, Cinsaut	1 bis 3
Côtes du Roussillon	Roussillon		Carignan, Cinsaut, Grenache, Mourvèdre, Syrah,	1 bis 3
Côtes du Ventoux	Rhone		Grenache, Mourvèdre, Syrah, Cinsaut	1 bis 3
Crémant d'Alsace	Elsass	Pinot Blanc, Pinot Gris, Riesling, Muscat, Silvaner	Pinot Noir,	2 bis 3

Appel-lationen	Region	Rebsorten Weiß	Rebsorten Rot	Preise
Crémant de Bour-deaux	Bordeaux	Sémillon, Sauvignon Blanc, Muscadelle		2 bis 3
Crémant de Bour-gogne	Burgund	Chardonnay, Pinot Blanc, Pinot Gris	Pinot Noir	2 bis 3
Crémant de Die	Rhône	Clairette Blanche		2 bis 3
Crémant du Jura	Jura	Chardonnay, Savag-nin	Pinot Noir, Poulsard, Trousseau	2 bis 3
Crémant de Limoux	Rhône	Mauzac, Chardonnay, Chenin Blanc		2 bis 3
Crémant de Loire	Loire	Chenin Blanc, Char-donnay	Cabernet Franc, Cabernet Sauvig-non, Pineau d'Au-nis, Pinot Noir	2 bis 3
Cro-zes-Her-mitage	Rhône	Marsanne, Roussan-ne	Syrah, Marsanne, Roussanne	3 bis 4
Echéze-aux	Burgund		Pinot Noir	4 bis 5
Entre-Deux-Mers	Bordeaux	Sémillon, Sauvignon Blanc, Muscadelle		1 bis 3
Faugères	Langue-doc		Carignan, Cinsaut, Grenache, Mourvèdre, Syrah,	1 bis 3
Fitou	Langue-doc		Carignan, Gre-nache, Mourvèdre, Syrah, Cinsault	1 bis 3

Appellationen	Region	Rebsorten Weiß	Rebsorten Rot	Preise
Fixin	Burgund		Pinot Noir	2 bis 4
Gaillac	Südwesten		Duras, Fer Servadou, Gamay, Syrah, Cabernet Sauvignon, Merlot	1 bis 3
Gevrey-Chambertin	Burgund		Pinot Noir	3 bis 5
Gigondas	Rhône		Grenache, Syrah, Mourvèdre	3 bis 4
Givrey	Burgund		Pinot Noir	3 bis 4
Graves	Bordeaux	Sémillon, Sauvignon Blanc	Cabernet Franc, Cabernet Sauvignon, Merlot	3 bis 4
Haut-Médoc	Bordeaux		Cabernet Franc, Cabernet Sauvignon, Merlot, Petit Verdot, Malbec	3 bis 5
Hermitage	Rhône	Marsanne, Roussanne	Syrah, Marsanne, Roussanne	4 bis 5
Irouléguy	Südwesten	Manseng, Courbu		1 bis32
Jurancon	Südwesten	Petit Manseng, Gros Manseng, Courbu		1 bis 3
Macon	Burgund	Chardonnay		1 bis 3
Madiran	Südwesten		Tannat, Cabernet Franc, Fer	1 bis 3
Maranges	Burgund	Chardonnay	Pinot Noir	2 bis 3

Appellationen	Region	Rebsorten Weiß	Rebsorten Rot	Preise
Margaux, Pauillac, St-Estèphe, St-Julien	Burgund		Cabernet Franc, Cabernet Sauvignon, Merlot, Petit Verdot, Malbec	3 bis 5
Marsannay	Burgund	Chardonnay	Pinot Noir	2 bis 3
Maury	Roussillon		Grenache, Mourvèdre, Syrah, Cinsaut	2 bis 4
Médoc	Bordeaux		Cabernet Franc, Cabernet Sauvignon, Merlot, Petit Verdot, Malbec	3 bis 5
Meursault	Burgund	Chardonnay		3 bis 5
Minervois	Languedoc		Grenache, Mourvèdre, Syrah, Cinsaut	1 bis 3
Monbazillac	Südwesten	Sémillon, Sauvignon Blanc, Muscadelle		1 bis 3
Montrachet	Burgund	Chardonnay		4 bis 5
Morey-St-Denise	Burgund		Pinot Noir	3 bis 5
Moulis	Bordeaux		Cabernet Franc, Cabernet Sauvignon, Merlot, Petit Verdot, Malbec	3 bis 5
Muscadet	Loire	Melon de Bourgogne		1 bis 3
Musigny	Burgund	Chardonnay	Pinot Noir	3 bis 5

Appellationen	Region	Rebsorten Weiß	Rebsorten Rot	Preise
Nuits-St-Georges	Burgund	Chardonnay	Pinot Noir	3 bis 5
Pessac-Léognan	Bordeaux		Cabernet Franc, Cabernet Sauvignon, Merlot, Petit Verdot, Malbec	3 bis 5
Pomerol	Bordeaux		Merlot, Cabernet Franc, Cabernet Sauvignon	3 bis 5
Pommard	Burgund		Pinot Noir	3 bis 5
Pouilly-Fuissé	Burgund	Chardonnay		2 bis 3
Pouilly-Fumé	Loire	Sauvignon Blanc		2 bis 3
Rasteau	Rhône		Grenache, Mourvèdre, Syrah, Cinsaut	2 bis 3
Rivesaltes	Roussillon	Muscat	Grenache, Mourvèdre, Syrah, Cinsault	2 bis 3
La Romanée, Romanée-Conti, Romanée-St-Vivant	Burgund	Chardonnay	Pinot Noir	4 bis 5
St-Émilion	Bordeaux		Merlot, Cabernet Franc, Cabernet Sauvignon	3 bis 5
St-Joseph	Rhône	Marsanne, Rousanne	Syrah	3 bis 4
Sancerre	Loire	Sauvignon Blanc	Pinot Noir	2 bis 4

Appellationen	Region	Rebsorten Weiß	Rebsorten Rot	Preise
Santenay	Burgund	Chardonnay	Pinot Noir	2 bis 3
Saumur	Loire	Chenin Blanc	Cabernet Franc, Cabernet Sauvignon, Pineau d'Aunis	2 bis 3
Sauternes	Bordeaux	Sémillon, Sauvignon Blanc, Muscadelle		3 bis 5
Savennières	Loire	Chenin Blanc		2 bis 4
Savigny-lès-Beaune	Burgund	Chardonnay	Pinot Noir	2 bis 5
Tavel	Rhône		Grenache, Cinsault	2 bis 3
Touraine	Loire	Chenin Blanc, Sauvignon Blanc, Chardonnay	Cabernet Franc	1 bis 3
Vacqueyras	Rhône	Clairette à Gros Grains, Ugni Blanc	Grenache, Mourvèdre, Syrah, Cinsaut	2 bis 3
Volnay	Burgund		Pinot Noir	3 bis 5
Vosne-Romanée	Burgund		Pinot Noir	3 bis 5
Vougeot	Burgund	Chardonnay	Pinot Noir	4 bis 5
Vouvray	Loire	Chenin Blanc		2 bis 3

Appellationen	Region	Rebsorten Weiß	Rebsorten Rot	Preise
Barbaresco/ Barolo	Piemont		Nebbiolo	1 bis 3
Barbera d'Alba	Piemont		Barbera	2 bis 4
Bardolino	Veneto		Corvina, Rondinella, Molinara	1 bis 3
Bolgheri	Toskana		Cabernet Sauvignon, Merlot, Sangiovese	2 bis 3
Brunello di Montalcino	Toskana		Sangiovese	1 bis 3
Carmignano	Toskana		Sangiovese, Canaiolo, Cabernet Sauvignon	2 bis 3
Chianti	Toskana		Sangiovese, Canaiolo, Cabernet Sauvignon, Merlot	2 bis 5
Franciacorta	Lombardei	Chardonnay, Pinot Bianco	Pinot Nero	3 bis 5
Frascati	Latium	Trebbiano, Malvasia		1 bis 3
Gavi	Piemont	Cortese		1 bis 2
Lambrusco	Emilia-Romagna		Lambrusco	1 bis 3
Lugana	Lombardei	Trebbiano di Soave		2 bis 5
Montefalco	Umbrien		Sagrantino, Sangiovese	1 bis 3

Appellationen	Region	Rebsorten Weiß	Rebsorten Rot	Preise
Montepulciano d'Abruzzo	Abruzzen		Montepulciano	1 bis 3
Morellino di Scansano	Toskana		Sangiovese, Canaiolo, Malvasia Nera	2 bis 3
Moscato d'Asti	Piemont	Moscato		1 bis 3
Orvieto	Umbrien	Trebbiano, Malvasia		2 bis 3
Primitivo di Manduria	Apulien		Primitivo/Zinfandel	1 bis 3
Prosecco	Veneto	Glera		2 bis 3
Roero	Piemont	Arneis	Nebbiolo	2 bis 4
Rosso Piceno	Marken		Montepulciano, Sangiovese	2 bis 5
San Gimignano	Toskana	Vernaccia	Sangiovese	4 bis 5
Soave	Veneto	Garganega, Chardonnay		3 bis 5
Taurasi	Basilikata		Aglianico	3 bis 5
Valpolicella	Veneto		Corvina, Rondinella, Molinara	4 bis 5
Valtellina	Lombardei		Nebbiolo	2 bis 3
Vino Nobile di Montepulciano	Toskana		Sangiovese, Canaiolo	4 bis 5

Appellationen	Region	Rebsorten Weiß	Rebsorten Rot	Preise
Bierzo	Kastilien-León		Mencia, Garnacha	2 bis 5
Navarra	Navarra	Macabeo, Chardonnay	Garnacha, Tempranillo, Cabernet Sauvignon, Merlot	1 bis 3
Penedès	Katalonien	Xarel-lo, Macabeo, Parellada, Chardonnay	Tempranillo, Cabernet Sauvignon, Merlot	1 bis 3
Priorat	Katalonien		Carinena, Garnacha, Cabernet Sauvignon, Merlot	3 bis 5
Rias Baixas	Galizien	Albarino, Loureiro, Treixadura		2 bis 3
Ribeiro	Galizien	Albarino, Loureiro, Treixadura	Alicante, Mencia, Tempranillo	1 bis 3
Ribera del Duero	Kastilien-León		Tempranillo	2 bis 5
Rioja	Kastilien	Macabeo/Viura, Garnacha Blanca, Chardonnay	Tempranillo, Garnacha, Graciano, Mazuelo, Cabernet Sauvignon, Merlot	2 bis 5
Rueda	Kastilien-León	Verdejo, Viura, Palomino, Sauvignon Blanc		1 bis 3
Somontano	Aragon	Macabeo, Chardonnay	Tempranillo, Cabernet Sauvignon, Merlot	1 bis 3
Toro	Kastilien-León		Tempranillo, Garnacha	1 bis 3
Valdeorras	Galizien	Godello		1 bis 3
Valdepeñas	La Mancha	Macabeo, Airen	Tempranillo, Garnacha, Cabernet Sauvignon, Merlot	1 bis 3

Rebsortennamen

Rebsortennamen (zum Beispiel Riesling, Chardonnay, Spätburgunder) werden in der ganzen Welt verwendet: in den romanischen Ländern überwiegend für einfache Weine, in den deutschsprachigen Ländern und in den meisten Überseeregionen auch für hochwertige Abfüllungen. Für diese Art der Bezeichnung spricht, dass die Rebsorte die geschmackliche Handschrift eines Weines sehr stark prägt. Riesling schmeckt immer anders als Sauvignon Blanc, ganz gleich, wo in der Welt die Trauben reif geworden sind. Da weltweit nur etwa ein Dutzend Rebsorten die Szenerie bestimmen, bleibt die Zahl der Varietäten, deren Namen man sich für einen guten Überblick merken sollte, überschaubar. Zwar wird zusätzlich – meist in kleineren Buchstaben – auch noch die Herkunft angegeben, aber die Rebsorte wird in all den Fällen, in denen kein Appellationsname verwendet wird, an prominentester Stelle auf dem Etikett platziert. In Kapitel 4, »Rebsorten«, erhalten Sie vertiefte Informationen zu den wichtigsten Rebsorten, zu ihrer Verbreitung und über die Weine, die aus ihnen gekeltert werden.

Gesetzliche Qualitätseinstufung

In der Vergangenheit unterschied die EU-Weinrechtssystematik quasi hierarchisch zwischen Tafelweinen, Landweinen und Qualitätsweinen. Mit der Reform der Weinmarktorganisation tritt seit Ende 2009 das Herkunftsprinzip stärker in den Vordergrund. Länder, die das sogenannte romanische Bezeichnungssystem für ihre Weine nutzen, haben mit der Umsetzung der neuen Regelungen weniger Probleme, da dieses System die Weinqualität bereits nach der Herkunft beurteilt.

Schwieriger gestaltet sich die Umsetzung etwa in Deutschland, da hier bislang das Mostgewicht und damit der Zuckergehalt der Trauben das entscheidende Kriterium bei der gesetzlichen Qualitätseinstufung bildete. Süßere Trauben, nicht bessere Lagen führten zu einer höheren Einstufung. Ob vorübergehend oder nicht, mittlerweile haben die deutschen Behörden vereinbart, die alten Bezeichnungen Landwein, Qualitätswein und Prädikatswein (mit den Prädikatsstufen Kabinett, Spätlese, Auslese, Beerenauslese, Trockenbeerenauslese und Eiswein) und mit ihnen das System, die Qualitätseinstufung am Reifegrad der Trauben festzumachen, weiterhin verwenden zu dürfen.

Jahrgang

Weine, die eine Jahrgangsangabe tragen, zeigen von Jahr zu Jahr ein verändertes Gesicht. Weil das Wetter und damit die Reifungsbedingungen variieren, kann auch der Geschmack von Trauben und Wein nicht identisch bleiben. Deshalb wird überall in der Welt im Herbst dieselbe Frage gestellt: Wie war der Jahrgang? Das macht die Weinwelt so lebendig und einzigartig. Natürlich kommt es immer auch mal vor, dass die Ernte klein oder in der Qualität unterdurchschnittlich ausfällt. Was Sie wissen sollten:

- Je ambitionierter und qualitätsorientierter ein Produzent arbeitet, desto besser werden seine Weine auch in sogenannten »kleinen« Jahrgängen ausfallen.
- In »kleinen« Jahrgängen entstehen vor allem Weine, die früh trinkbar, aber nicht alterungsfähig sind.

- In »großen« Jahrgängen hingegen entstehen Weine, die zwar (speziell im Segment der schweren Rotweine) sehr alterungsfähig, dafür aber selten früh trinkbar sind.
- Weine, die in riesigen Mengen und mit den Trauben sehr vieler verschiedener Weinberge produziert werden, weisen kaum Jahrgangsschwankungen auf.

Preis

Vom Preis auf Qualität und Trinkgenuss zu schließen, kann zu herben Enttäuschungen, aber auch zu beglückenden Überraschungen führen. Es ist naiv, an einen unmittelbaren Zusammenhang zu glauben. Sicher muss ein hochwertiger Wein, der einen aufwendigen Herstellungsprozess durchlaufen hat, teurer sein als ein einfaches, industriell erzeugtes Massenprodukt. Aber bereits für zehn Euro werden rund um den Erdball gute bis sehr gute Weine angeboten. Für ein paar Euro mehr lassen sich bereits exzellente Qualitäten finden. Wer mehr Geld für einen Wein ausgibt, muss auch mehr Zeit und Zuwendung in seinen Konsum investieren, sonst wird es sich schnell als Fehlinvestition herausstellen. Dann allerdings sind beeindruckende Begegnungen möglich.

Weine aus berühmten Anbaugebieten und aus dem Hause angesehener Produzenten können in manchen Jahrgängen, insbesondere wenn bekannte Kritiker hohe Bewertungen vergeben haben, exorbitante Preise erzielen. Diese Weine finden nicht nur allein aufgrund ihrer besonderen Qualität kaufkräftige Nachfrage, sondern auch weil es Menschen gibt, die einen Wein umso begehrenswerter finden, je teurer er ist.

Wenn in diesem Buch Preiskorridore angegeben werden, gelten die folgenden Einteilungen:
1 = bis 5 Euro
2 = bis 10 Euro
3 = bis 20 Euro
4 = bis 30 Euro
5 = über 30 Euro

2. Duft und Geschmack

Anfänger begegnen einem Wein in der Regel unbefangen und mehr oder weniger flüchtig. Sie achten kaum auf die Details ihrer Wahrnehmung und sind sich selten bewusst, was sie im Einzelnen riechen und schmecken. Was zählt, ist der Gesamteindruck und die Feststellung »Schmeckt« oder »Schmeckt nicht«. Ob sie wohl zu denselben Urteilen kämen, wenn sie die leuchtenden Farbspiele genauer betrachteten, sich in die faszinierende Welt der Aromen vertieften oder den mal lebhaften, mal zärtlichen Gaumeneindrücken gezielter nachspürten?

Wenn Sie über die Feststellungen »Schmeckt« und »Schmeckt nicht« hinaus- und dem geschmacklichen Reichtum eines Weines auf die Schliche kommen wollen, werden Sie in diesem Kapitel viele Hilfestellungen finden. Sie erfahren, wie Sie aufmerksamer und zielgerichteter genießen und welche Sinne dabei eingesetzt werden. Und Sie lernen die Methoden erfahrener Verkoster kennen, ihre systematische Art, auf einen Wein zuzugehen, gezielte Fragen zu stellen und dadurch Details hervorzulocken, die den meisten verborgen bleiben.

In der Tabelle »Dimensionen der Weinbegegnung« auf den Seiten 36 bis 39 finden Sie alle wichtigen sensorischen Merkmalsausprägungen, wie sie die (analytisch vorgehende) Bewertung idealerweise beim Weinverkosten berücksichtigt. Jedes Merkmal wird mit einer oder mehreren Bedeutungen verknüpft, denn schließlich möchte derjenige, der zum Beispiel einen muffigen Duft registriert, auch wissen, was das zu bedeuten hat. Doch ist es keineswegs so, dass alle Menschen das Gleiche riechen und schmecken. Selbst wenn alle gleichermaßen systematisch auf einen Wein zugingen, würden die Ergebnisse nicht identisch ausfallen.

Optik

Achten Sie zuerst auf die optische Performance, denn das, was man sieht, hat große Bedeutung für die Geschmackserwartung. Eine schöne, attraktive Weinfarbe versetzt die Menschen in heitere Vorfreude. Doch so sehr uns der visuelle Eindruck auch beeinflusst, sein tatsächlicher Informationsgehalt ist gering. Die Farbe eines Weines verrät nichts über seine Qualität und wenig über seinen Geschmack. Nur erfahrene Verkoster erhalten vage Hinweise auf Rebsorte, Herkunft und Alter.

Aromatik

Dann gehört die Aufmerksamkeit dem aromatischen Profil des Weines. Ins Visier geraten Intensität und Ausprägung der Düfte, dann ihre Entwicklung vom ersten Eindruck bis zum Ende der Begegnung. Ebenso wie die Farbe beschert der Duft eines Weines ästhetische Wohlgefühle, zudem erlaubt er jedoch auch allerlei Rückschlüsse auf Herkunft und Machart, Alter und zukünftiges Entwicklungspotenzial. Pfirsich- und Aprikosennoten finden sich häufig in Weinen aus der Rebsorte Riesling, während Stachelbeeraromen typisch für Sauvignon Blancs sind. Anklänge an Herbstlaub und Trockenfrüchte deuten auf einen älteren, gereiften Wein hin, Karamell, Butterscotch und süße Gewürze auf den Einsatz kleiner Barriquefässer.

Geschmack

Es folgt die Prüfung im Mundraum. Da Sie neben der reinen Schmeckfähigkeit, die sich beim Wein im Wesentlichen auf die Eindrücke süß, sauer, salzig und bitter bezieht, im Mundraum auch fühlen und riechen können, bahnt sich ein komplexes Erlebnis an. Sie begegnen mehr oder weniger gleichzeitig den geschmacklichen, haptischen und olfaktorischen Eigenschaften eines Weines und es ist in der Kürze der Zeit nicht immer ganz einfach, all diesen Eindrücken genügend Aufmerksamkeit zu schenken.

Ob Sie einen Wein süß oder trocken empfinden, liegt vor allem an der Menge des vorhandenen Zuckers. Während trockene Weine nahezu zuckerfrei sind, besitzen Süßweine mehr oder weniger hohe Zuckeranteile. Ob ein Wein viel oder wenig Säure hat, erkennen Sie an dem Eindruck von Frische und Vitalität, aber auch an seiner säuerlichen, Speichelfluss produzierenden Art. In welchem Maß Sie Süße und Säure geschmacklich wahrnehmen, hängt jedoch nicht nur von den jeweiligen Mengen ab, sondern ebenso von deren relativen Anteilen und Ihren persönlichen Wahrnehmungsschwellen. Säure und Süße maskieren einander wechselseitig. Wer viel Süßes isst und trinkt, der registriert den Süßeeindruck in einem Wein undeutlicher und später als jemand, der selten mit Süßem in Kontakt kommt. Der eine liebt die frischen und säurebetonten, der andere die süßen. Das heißt auch: Trockene Weine sind nicht besser als süße, aber säurebetonte in der Regel frischer und lebendiger als säurearme.

Mundaroma und Haptik

Noch während Ihre Zunge mit diesen Geschmackseindrücken beschäftigt ist, steigen die Duftmoleküle – quasi durch die Hintertür – den Rachenraum hinauf und erstatten dem Riechkolben Meldung. Es entsteht der Eindruck, als könnten Sie Erdbeer- oder Himbeernoten schmecken, aber in Wahrheit riechen Sie sie. Gleichzeitig tasten und befühlen Sie den Wein und es entstehen Eindrücke hinsichtlich seiner Temperatur, Textur, Dichte sowie seiner mundwässernden oder austrocknenden Art. Manche Weine fühlen sich weich und geschmeidig an, andere rau wie Sackleinen. Säurebetonte Weißweine produzieren Speichelfluss, tanninbetonte Rotweine haben pelzige Effekte.

Wahrnehmungsverlauf

Interessant wird es, wenn Sie auch die zeitliche Dimension und mit ihr den Wahrnehmungsverlauf beachten. Eindrücke, die anfangs die Wahrnehmung dominieren, machen oftmals im weiteren Verlauf die Bühne frei für andere Empfindungen, die wiederum nach einer gewissen Zeitspanne als Hauptdarsteller abtreten, um ganz neue, diesmal finale Impressionen möglich zu machen. Die »Länge« oder »Persistenz« dieser Eindrücke gilt als Qualitätsmerkmal.

Blick aufs Ganze

Schließlich kommt das Zusammenspiel all dieser Eigenschaften und Dimensionen ins Spiel und Sie können Aussagen zu Feinheit, Harmonie und Länge formulieren. Doch das, was dem einen harmonisch erscheint, gilt dem anderen als zu trocken oder zu süß, zu säuerlich oder zu gefällig. Jeder Mensch bewertet aufgrund persönlicher Maßstäbe. Vorlieben und Erfahrungen spielen dabei eine größere Rolle als objektive Qualitätskriterien.

Außerdem dürfen Sie nicht vergessen, dass Weinbegegnungen kontextabhängig sind. Die Umgebung (Raum, Ambiente, Temperatur), die Inszenierung (Dekoration, Gläser) sowie aktuelle Stimmungen beeinflussen die Wahrnehmung. Auch professionelle Verkoster zeigen sich von äußeren Einflüssen nicht unbeeindruckt: Bei einem Versuch sollten Önologen zwei Weine bewerten, wobei der eine als einfacher Tafelwein, der andere als hochklassiger Grand Cru etikettiert war. Obwohl beide Flaschen den identischen Wein enthielten, wurde der vermeintliche Grand Cru fast doppelt so hoch bewertet wie der Tafelwein.

Wenn Sie Lust verspüren, die sensorischen Details eines Weines mit detektivischem Gespür zu erforschen, zögern Sie nicht. Doch achten Sie darauf, dass Ihnen vor lauter Details der Blick für das Gesamtkunstwerk nicht verlorengeht, denn letztlich kommt es darauf an, was der Wein in Ihnen auslöst, ob und auf welche Art er

Wahrnehmung	die Beobachtungen im Detail
Sehen	
Farbton	Weißwein: Hellgrün – Bleiches, helles Gelbgrün – Strohgelb – Goldgelb – Tiefgolden – Gelbbraun – Maderisiert – Braun Rotwein: Purpur – Rubinrot – Weinrot – Bordeauxrot – Granatrot – Ziegelrot – Rotbraun – Mahagonifarben – Tawny – Bernsteinbraun
Glanz	entweder oder
CO_2	keine Bläschen, dezente oder lebhafte Bläschenbildung
Depot	viel Depot, wenig oder kein Depot
Schlierenbildung	mäßige, mittlere, intensive Schlierenbildung
Riechen	
Fruchtige Noten	pflückfrische Früchte grüne, unreife Noten Zitrus- und Apfelnoten Banane und Ananas Mango- und Maracujanoten marmeladige Noten
Herbstliche Noten	Trockenfrüchte, Herbstlaub, Honig
Röstaromen	Vanille, Karamell, Schoko, Mokka, Rauchfleisch, Speck
mineralische Noten	rauchige, mineralische, an nasse Steine erinnernde Düfte, salzig
unsaubere Noten	muffig, schimmlig
schlichter oder künstlicher Duft	eindimensional oder übertrieben fruchtig, parfümiert
feiner Duft	zart, subtil, komplex, zurückhaltend, tief

Interpretation

grünliche Nuancen: junger Weißwein
Goldgelb: süßer oder gereifter Wein
helles Rot: kühles Klima, leichter, tanninarmer Rotwein
dunkles, dichtes Rot: kraftvoller, tanninbetonter Rotwein
Purpur: junger Rotwein
Ziegelrot: gereifter Rotwein

Zeichen für Gesundheit;
Ggs. von matt und trüb

lebhafte Perlage bei Schaumweinen;
bei Stillweinen gelegentlich dezent (kein Problem)

in gereiften Rotweinen; bitte kurz vor dem Trinken dekantieren!

je langsamer und engmaschiger die Schlieren am Innenrand des Glases hinablaufen, umso höher der Alkoholgehalt

junger Wein- und Rotwein
unreife Trauben, kalter Jahrgang
kühles Anbaugebiet
kalte Gärtemperaturen
warmes Anbaugebiet
heißes Anbaugebiet, überreife Trauben

gereifter Wein

vom Holzfass

vom Boden

meist vom kranken Korken (Trichloranisol), selten von unsauberen Fässern

einfache Weinqualität

feiner, hochwertiger Wein

Wahrnehmung	die Beobachtungen im Detail
Schmecken	
Süße	sehr trocken, trocken, halbtrocken, lieblich, zart süß, süß und edelsüß
Säure	niedrig, mild, moderat, lebhaft, rassig, hoch, vibrierend
Salzigkeit	nicht salzig, leicht salzig, salzig
Bitterkeit	nicht bitter, leicht bitter, bitter
Fühlen	
Temperatur	Körperreiche und tanninbetonte Rotweine: 17° bis 19°C; Leichte Rotweine: 14° bis 16°C; Körperreiche Weißweine und gute Rosés: 11° bis 13°C; leichte Weißweine und Champagner: 8° bis 10°C
Körper	schlank, leicht, feingliedrig, mittelgewichtig, muskulös, füllig, schwer, üppig
Textur	rau, körnig, feinkörnig, cremig, geschmeidig, samtig, satinartig, seidigglatt
Adstringenz	weich, zart, abgerundet, dezent adstringierend, stark adstringierend (zusammenziehendes, austrocknendes Gefühl)
Urteil (kognitiv)	
Zusammenspiel aller Duft- und Geschmackseindrücke	unharmonisch, mittelmäßig balanciert, gut balanciert, sehr gut balanciert, perfekt balanciert
	eindimensional, gewisse Komplexität, sehr vielschichtig, nuancenreich
	plump/schwerfällig, gewisse Eleganz, Eleganz, große Eleganz

Interpretation

trocken = Abwesenheit von Süße;
Süßeeindruck =
(1) mehr oder weniger viel Restsüße (= unvergorener Traubenzucker) ist vorhanden
(2) hoher Alkohol und Fruchtintensität können dezenten Süßeeindruck vermitteln
(3) hohe Säure- und Tanninwerte schwächen Süßeeindruck ab, niedrige betonen sie

Säure bringt Frische und Spannkraft; Säure ist Geschmacksverstärker;
Säure paart sich gut mit Süße

Mineralität; geht mit höherer Säure einher

Bitterstoffe können aus den Schalen und Stielen kommen, sollten immer dezent im Hintergrund bleiben

hohe Trinktemperaturen betonen Süße, Alkohol und Säure,
niedrige Temperaturen betonen Frische und Tannin

Fülleeindrücke entstehen in Abhängigkeit von der Höhe des Alkoholgehaltes:
alkoholarme Weine wirken schlank,
alkoholreiche Weine wirken schwer, körperreich, volumig

die Oberflächenbeschaffenheit und die Art, wie ein Wein uns am Gaumen berührt

Ursache: Tannin (Gerbstoffe aus Schalen oder Holzfässern)
tanninbetonte Rebsorten: Cabernet Sauvignon, Syrah, Nebbiolo, Sangiovese

Harmonie als Qualitätsmerkmal

Komplexität als Qualitätsmerkmal

Eleganz als Qualitätsmerkmal

Sie berührt, ob er Sie in Staunen versetzt oder langweilt, begeistert oder enttäuscht. Berührende Erlebnisse dieser Art sind weniger das Ergebnis analytischer Detailarbeit, sondern setzen den Blick aufs Ganze voraus. Nur dann können wir in einem Wein eine Persönlichkeit aufstöbern, ihn mit einer Landschaft und einer Stimmung in Verbindung bringen oder ihm einen Ehrenplatz an der Seite einer guten Mahlzeit zuweisen.

3. Weinstile – für jeden Moment den passenden Wein

Vielfalt ist vielleicht der Begriff, der die Weinwelt am besten charakterisiert. Auf einer sehr allgemeinen Ebene unterscheiden wir Wein

- nach seiner Farbe in Weiß-, Rot- und Roséwein,
- hinsichtlich des Geschmacks in trocken, halbtrocken, lieblich und süß (wobei trocken bedeutet, dass der Wein ohne jeglichen Süßeeindruck daherkommt; von halbtrocken bis süß steigert sich das Süßeniveau kontinuierlich),
- nach der Art ihrer Herstellung in still, schäumend (Champagner, Sekt) und mit Alkohol angereichert (Port, Sherry).

Um nun je nach Anlass und geschmacklichen Präferenzen die passenden Weine zu finden, ist es sinnvoll, die Angebote weiter zu differenzieren und in Gruppen mit gemeinsamen stilistischen Merkmalen zusammenzufassen. In den jeweiligen Tabellen können Sie überblicksartig erkennen, welcher Wein in welche stilistische Gruppe gehört.

Leichte und fruchtbetonte Weißweine

Vital & erfrischend

Diese wunderbaren Alltagsweine bescheren mit ihrer unbekümmerten Leichtigkeit viel Trinkfreude und verbreiten auf ganzer Linie heitere Gelassenheit. Ihre fruchtig-erfrischende Art paart sich mit moderatem Alkoholgehalt, trinkanimierender Säure und einem trockenen Geschmacksbild. Die Besten präsentieren sich klar wie frisches Quellwasser und gefallen mit brillanten Aromen und einem Hauch Mineralität.

Geschmeidig & charmant

Wenn man Weine als hübsch bezeichnen kann, dann die Gruppe der Geschmeidig-Charmanten. Es sind keine Stars und sie spielen selten die Hauptrolle, aber jeder mag sie. Dieser ungemein populäre Weintyp prä-

Leichte & fruchtbetonte Weißweine		
vital & erfrischend	geschmeidig & charmant	mit harmonischer Fruchtsüße
Riesling Gutsweine, Rivaner, Gutedel, Steinfeder Wachau, Grüner Veltliner, Sauvignon Steiermark, Vinho Verde, Entre-Deux-Mers, Muscadet Loire, Gavi, Frascati, Furmint	Pinot Grigio, Weißburgunder, Silvaner, Franken, Rueda, Soave, Collio Bianco, Vermentino, Roero Arneis, Verdicchio, Lugana, Penedès, Rias Baixas, Marlborough Sauvignon Blanc	Riesling Kabinett, Riesling Spätlese, Gewürztraminer, Moscato d'Asti, White Zinfandel

sentiert sich mit feiner Fruchtintensität, einem weichen Gaumenauftritt mit reifer, sanfter Säure und einer zart-cremigen Textur – Elemente, die zusammen ein verführerisches Mundgefühl bescheren.

Mit harmonischer Fruchtsüße
Charakteristisch für diesen Weißweintyp ist die Kombination aus Fruchtfülle, niedrigem Alkoholgehalt, mundwässernder Säure und natürlicher, von der Traube stammender Süße. Die Schwerelosigkeit, die diese raffinierten Leichtgewichte verströmen, ist einzigartig. Zu würzigen Gerichten machen sie eine genauso gute Figur wie als Solisten.

Ausdrucksstarke und opulente Weißweine

Charakterstark & fordernd
Kraft und Eleganz spielen bei diesem Weintyp genial zusammen. Die Besten sind dicht und substanzreich, dabei zugleich frisch, leichtfüßig und filigran. Ein delikates Frucht-Säure-Spiel und ein ausgeprägtes mineralisches Fundament verleihen diesen Weinen trotz aller Konzentration und Kraft etwas Beschwingtes, ungemein Trinkiges. Es sind alterungsfähige Weine, die mit zunehmender Flaschenreife an Feinheit und Komplexität zulegen. Der Genuss, den sie dann offerieren, geht über die rein sensorische Befriedigung weit hinaus.

Drall, üppig & ausladend
Bei diesem Weintyp handelt es sich um wahre Fruchtbomben. Aus dem Glas steigt sinnlicher Duft und am Gaumen berühren uns weiche, satte Rundungen. Es

Ausdrucksstarke & opulente Weißweine		
charakterstark & fordernd	drall, üppig & ausladend	cremig & toastig mit Fassausbau
Riesling Ortswein und Großes Gewächs, Vouvray, Savennières, Smaragd Wachau, Chablis Cru, Sancerre, Pouilly Fumé, Chardonnay Cool Climate, Hunter Sémillon	Grauburgunder Baden, Viognier, Chardonnay Übersee, Gewürztraminer, Torrontés Argentinien	Chardonnay Übersee, Burgund Cru, Graves, Hermitage Blanc, Marsanne & Roussanne Rhône, Kalifonien Chardonnay, Vin Jaune, Swartland Chenin Blanc

entsteht ein Eindruck von cremiger, sahniger Fülle und geschmeidiger Konzentration, der nicht nur durch den hohen Alkohol- und niedrigen Säuregehalt, sondern gelegentlich auch durch etwas Restsüße unterstrichen wird. So viel verschwenderische Fülle ist manchem jedoch zu viel.

Cremig & toastig mit Fassausbau

In diese Abteilung gehören die eichenholzgeschwängerten Kraftpakete aus Übersee ebenso wie die barriquevergorenen Klassiker aus Frankreich. Durch die mehr oder weniger deutliche Neuholzprägung tritt die Fruchtigkeit in diesen Weinen in den Hintergrund und wird durch Einflüsse von Hefe, Eiche und Reifung ersetzt. Die Aromatik dieser Weine erinnert nicht selten an süße Gewürze, Kokos und Karamell, das Mundgefühl wirkt dichter und fülliger und kommt demjenigen so mancher Rotweine recht nahe. Sehr gute Vertreter verbinden diese Eigenschaften mit Eleganz und Komplexität.

Roséweine et al.

Roséweine sind die Nebendarsteller auf der Bühne des Weines. Sie stehen für unkomplizierten und preiswerten Trinkgenuss, Größe streben sie nicht an. Sie sind Sommerweine par excellence, maßgeschneidert für Partys, Picknicks und Essen im Freien, auf der Terrasse oder im Garten. Roséweine machen sich als universelle Speisenbegleiter nützlich und wollen jung und gut gekühlt genossen werden.

Vital, saftig & erfrischend

Die Gruppe der leichten und saftig-erfrischenden Rotweine versprüht ungemein viel Trinkfreude. Es sind Weine für unkomplizierte, fröhliche Anlässe, sie passen wunderbar zum Essen und lassen Ihnen das Was-

Leichte & mittelschwere Rotweine		
Rosé et al.	vital, saftig & erfrischend	geschmeidig, sanft & charmant
Tavel, Provence, Ventoux, Navarra, Weißherbst, Rotling	Spätburgunder, Beaujolais, Bardolino, Vernatsch, Barbera, Trollinger, Etna Rosso, Barbera Superiore, Chianti, Valtellina	Spätburgunder GG, Bündner Herrschaft Pinot Noir, Pinot Noir Übersee, Dornfelder, Lemberger, Zweigelt, Valpolicella, Rosso di Montepulciano, Côtes du Rhône, Arbois Trousseau, Somontano, Chinon, Beaujolais Cru, Burgenland St. Laurent, Tessiner Merlot

ser im Mund zusammenlaufen, lange bevor das Mahl eröffnet ist. Gleichwohl machen diese zarten, tanninarmen Gewächse auch als Solisten eine gute Figur.

Geschmeidig, sanft & charmant
Gelungene Exemplare dieses überaus sinnlichen Weintyps locken stets ein Lächeln hervor. Ihnen ist eine wundervolle Verbindung von duftiger Fruchtsüße, seidig-samtiger Textur und delikatem Geschmack zu eigen. Auf der Basis einer harmonischen Säure und feinkörnigen Tanninen präsentieren sie sich am Gaumen ungemein zart und geschmeidig.

Ausdrucksstarke & kraftvolle Rotweine

Herzhaft, fordernd & bodenständig
Diese Kategorie ist eine Fundgrube für Liebhaber individueller Rotweine mit Persönlichkeit, Ursprungsidentität und einem Schuss rustikalem Charme. Sie sind nichts für sensorische Weicheier! In ihrer Jugend strotzen diese Weine nur so vor Kraft und geschmacklicher Intensität. Sie sind vollbepackt mit Tannin und es dauert in der Regel einige Jahre, bis sie ihre verschlossene, nicht für jedermann leicht zugängliche Art abstreifen und sich allmählich feinere, nuancenreichere Facetten einstellen. Ihre Stärken spielen sie vor allem als Speisenbegleiter aus.

Charakterstark & komplex
In diesem Segment versammeln sich die edlen Klassiker aus Frankreich, Italien und Spanien. Nicht Kraft, sondern Eleganz und Feinheit sind ihre Stärken. Sie sind enorm alterungsfähig und entwickeln mit zuneh-

Ausdrucksstarke & kraftvolle Rotweine		
herzhaft, fordernd & bodenständig	charakterstark & komplex	kraftvoll, samtig & mundfüllend
Cahors, Madiran, Marcillac, Gaillac, Languedoc, Roussillon, Bandol, Dao, Taurasi, Aglianico del Vulture, Salice Salentino, Dolcetto, Pinotage	Barolo, Brunello, Chianti Classico Riserva, Bordeaux, Burgund Cru, Hermitage, Côte Rôtie, Rioja, Ribera del Duero, Douro, Valtellina Superiore	Primitivo, Amarone, Toro, Bierzo, Levante, Châteauneuf-du-Pape, Amarone, Zinfandel, McLaren Vale Shiraz, Priorat, Cuvées Übersee, Cabernet Sauvignon Übersee, Shiraz, Merlot Kalifornien, Malbec Argentinien

mender Flaschenreife einen großen Zauber von Feinheit und Harmonie, Komplexität und Finesse. Dann sind es die ausgewogensten Rotweine überhaupt: mit moderatem Alkoholgehalt, feiner, balancierter Säure und zarten, feinkörnigen Tanninen.

Kraftvoll, samtig & mundfüllend

Dieser Rotweintyp präsentiert sich selbstbewusst extrovertiert: in dichtem Schwarzrot, einer beeindruckenden Aromenintensität und einem Gaumenauftritt, der an Opulenz kaum mehr zu überbieten ist. Diese säurearmen, aber alkohol- und tanninreichen Gewächse gefallen nicht zuletzt aufgrund ihrer angenehm cremig-samtigen Textur und ihrer reifen Beerenfruchtigkeit mit Noten süßer Gewürze und Anklängen an Mokka- und Schokoladentönen.

Schaumweine

Leicht & fruchtig

Dieser Typ umfasst so ziemlich alles, was prickelt (abgesehen von flaschenvergorenen Schaumweinen mit längerer Hefelagerung): Dazu gehören die leichtschäumenden Perlweine und italienischen Frizzante ebenso wie das Gros der einfachen Markensekte. Der Reiz dieser überwiegend industriell erzeugten Produkte liegt in ihrer unkomplizierten und preiswerten Art, gute Laune zu versprühen. Sie müssen jung getrunken werden.

Komplex & cremig

In dieser Kategorie tummeln sich die feinen, flaschenvergorenen Schaumweintypen: Champagner, Cremant, Cava, Franciacorta und die meisten deutschen Winzersekte. Ist die Hefelagerung nicht zu lange ausgefallen, finden sich feine Fruchtaromen gepaart mit zarten Briocheanklängen. Nach längerem Hefekontakt tritt die Fruchtigkeit in den Hintergrund und es dominieren Champignon-, Hefe- und Briochenoten. Am Gaumen tanzen feinste Bläschen, eingehüllt in sahnig-zarten Schmelz und eine delikate Geschmacksfülle: saftig und erfrischend, komplex und nachhaltig.

Schaumweine	
leicht & fruchtig	komplex & cremig
Sekt, Spumante, Prosecco, Asti, Krimsekt, Sparkling Shiraz	Champagner, Crémant, Cava, Winzersekt, Trento, Franciacorta

Fruchtig & elegant
Das ist vor allem die Domäne der deutschen Auslesen, Beerenauslesen, Trockenbeerenauslesen und Eisweine sowie der österreichischen Süßweine vom Seewinkel des Burgenlandes. In der Nase überzeugen diese Weine mit einer Fruchtkomplexität, die je nach Reifegrad auch Noten getrockneter und kandierter Früchte und Honiganklänge enthält. Am Gaumen beschreiben diese in der Regel alkoholarmen Weine einen faszinierenden Spannungsbogen zwischen delikater Fruchtsüße und animierender Säure. Selbst bei höheren Süßewerten verlieren diese Weine ihre herrlich rassige, temperamentvolle Art nur selten. Die Besten können ein ganzes Jahrhundert alt werden.

Kraftvoll & opulent
Opulente Süßweine wie der Sauternes fließen fast so dickflüssig wie Öl aus der Flasche und triumphieren im Glas in strahlendem Goldgelb. In der Nase bieten sie ein Feuerwerk unterschiedlichster Aromen, die mal an Honig, Nüsse und Rosinen, mal an kandierte Oran-

Süßweine	
fruchtig & elegant	kraftvoll & opulent
Spätlesen, Vendanges Tardives, Auslesen, Beerenauslesen, Trockenbeerenauslesen, Eisweine, Ausbruch, Moscato d'Asti	Sauternes, Monbazillac, Recioto della Valpolicella, Vin Santo, Vins de Pailles

gen und sautierte Haselnüsse, an Kokosnüsse, Karamell und Butterscotch erinnern. Am Gaumen ist mehr Fülle kaum vorstellbar. Ihre enorme Kraft und Würze ist majestätisch, aber im Falle der besten Vertreter stets balanciert. Ein stilistischer Vergleich mit den deutschen Trockenbeerenauslesen offenbart trotz ähnlichem Ausgangsmaterial große Unterschiede: viel mehr Alkohol, viel weniger Säure und Süße.

Mit Alkohol angereicherte Weine

Trocken & animierend

Der Alkohol dieser stilistisch heterogenen Weinspezies ist nur zum Teil das Ergebnis alkoholischer Gärung. Durch die Zugabe von Weingeist nach der natürlichen Gärung wird der Alkoholgehalt nach oben gepeppt und erreicht – je nach Weintyp – einen Level zwischen 15,5 und 19 Volumenprozent. Diese Weine sind gut gekühlt eine exzellente Erfrischung und wirken appetitanregend. Sie machen als Aperitif eine gute Figur, werden aber auch gerne zu Vorspeisen der mediterranen Küche ausgeschenkt.

Opulent & mundfüllend

Im Gegensatz zur vorangegangenen Gruppe erfolgt der Zeitpunkt der Alkoholzugabe bei diesen Weinen nicht nach, sondern immer vor dem Ende der natürlichen Gärung. Je früher die Anreicherung, umso süßer fällt das Endprodukt aus. Bei den weniger süßen Vertretern liegt der Zuckergehalt bei etwa 50 bis 60 Gramm/Liter, während die süßeren Werte deutlich über 100 Gramm/Liter, im Falle des fast dickflüssigen

mit Alkohol angereicherte Weine	
trocken & animierend	opulent & mundfüllend
Sherry Fino Sherry Manzanilla, Amontillado, Palo Cortado, Oloroso, Madeira Sercial Madeira Verdelho, Portwein weiß	Banyuls, Maury, Muscat de Rivesaltes, Muscat de Beaumes de Venise, Ruby Port, Tawny Port, LBV Port, Vintage Port, Madeira Bual & Malmsey, Marsala, PX Sherry, Montilla Moriles, Orange Muscat, Brown Muscat

Pedro Ximenez sogar über 300 Gramm/Liter erreichen. In der Nase erinnern diese opulenten, mundfüllenden Gewächse oft an Walnüsse und Karamell. Vielleicht passen sie deshalb so exzellent zu Nüssen und Crème brûlée sowie zu vielen anderen Süßspeisen.

4. Rebsorten – ein Generalschlüssel zur Weinbeurteilung

Da die unterschiedlichen Weinstile leider nicht auf den Etiketten aufgeführt sind, müssen Sie sich mit den zentralen Etiketteninformationen, den Rebsorten und Anbaugebieten, vertraut machen, um mit der großen Angebotsvielfalt routiniert umzugehen. In diesem Kapitel bekommen Sie einen Überblick über die wichtigsten Rebsorten. Weltweit gibt es rund 10 000 Varietäten, daher beschränken wir uns hier auf die wichtigsten Sorten mit großer Marktbedeutung. Sie erfahren, wo diese bevorzugt angebaut werden und mit welchem Geschmacksprofil Sie rechnen dürfen, wenn Sie sich für einen Wein aus einer bestimmten Sorte entscheiden. In der Tabelle »Rebsorten« finden Sie die wichtigsten Informationen noch einmal überblicksartig zusammengestellt. Wenn der Name eines Weines nicht von der Rebsorte, sondern vom Anbaugebiet hergeleitet ist, können Sie mithilfe der Tabelle »Appellationen« in Kapitel 1 herausfinden, welche Sorten sich hinter dem Appellationsnamen verbergen.

Weiße Rebsorten

Chardonnay – ein Alleskönner mit vielen Gesichtern

Chardonnay ist eine Weltmarke und rund um den Globus bekannt wie ein bunter Hund. Die stilistische Bandbreite der aus ihr gekelterten Weine ist gewaltig: Mit ein wenig Restsüße und einer Spur Würze vom Eichenholz taugt Chardonnay zum Massenwein für den Einsteiger; aus bevorzugten Lagen und den Händen ehrgeiziger, qualitätsversessener Produzenten wiederum entstehen vor allem im Burgund einige der weltbesten trockenen Weißweine sowie sehr feine Schaumweine (Champagner).

Riesling – ein leichtfüßiger Überflieger

Die Rieslingtraube schwingt sich vor allem auf steinigen Böden und in kühleren, aber sonnigen Standorten in die Gipfel des Weißweinhimmels auf. Deutschland ist vor Österreich, dem Elsass und Australien das bedeutendste Anbaugebiet. Das stilistische Spektrum ist enorm und reicht von extrem trocken bis intensiv-süß, von vital und erfrischend bis charakterstark und fordernd. Oft wird auf den Etiketten die Geschmacksrichtung (trocken, halbtrocken/feinherb) angegeben. Wenn nicht, handelt es sich um eine Abfüllung mit deutlicher Restsüße. Im unteren Qualitätsbereich wirken trockene Vertreter für viele Konsumenten zu säurebetont. Im oberen Segment benötigen die Weine meist ein paar Jahre Flaschenreife, bevor sie ihr gigantisches Potenzial voll zur Entfaltung gebracht haben.

Sauvignon Blanc – ein Draufgänger

Auch Sauvignon Blanc ist ein Weltenbummler, wenngleich er ähnlich wie Riesling die kühleren Zonen bevorzugt (Loire, Bordeaux, Neuseeland). In seiner reinsten Form verbindet er die durstlöschende Vitalität von Limonensaft mit einer unvergleichlich belebend wirkenden, wild-herben Aromatik. Er versprüht knisternde Frische und sein lebhaftes Aroma erinnert an Stachelbeeren und grüne Paprika, an Passionsfrucht und Kiwi – ein aromatisches Feuerwerk, das viele schätzen, aber nicht alle lieben. Die Sorte eignet sich auch hervorragend als Verschnittpartner und ergibt in Bordeaux und Südafrika zusammen mit Sémillon großartige, meist fassvergorene Weine.

Chenin Blanc – ein unterschätzter Allrounder

Der Allrounder Chenin Blanc ist in dem französischen Weinbaugebiet Loire zu Hause. Er zeichnet – dem Riesling vergleichbar – für eine große Vielfalt an Weinstilen verantwortlich: von extrem trocken bis hinreißend süß, von charakterstark und fordernd bis fruchtig und elegant. Zusätzlich bildet Chenin Blanc, auch hier dem Riesling ähnlich, die Grundlage für ausgezeichnete Schaumweine. Spannende Vertreter kommen mittlerweile auch aus Südafrika.

Sémillon – von extratrocken bis sinnlich süß
Für die Rebsorte Sémillon gibt es weltweit zwei Hochburgen, die in jeder Hinsicht weit auseinanderliegen: Die eine ist Sauternes, befindet sich im Raum Bordeaux und bringt schwere, fassvergorene, opulente und mundfüllende, mit Sauvignon Blanc verschnittene Dessertweine sowie fassvergorene, kraftvolle Weißweine hervor; die zweite liegt am anderen Ende der Welt, im australischen Hunter Valley, etwa hundert Kilometer nördlich von Sydney, und ergibt dort leichte, schlanke, sehr trockene Weine, stets sortenrein und ohne jeden Neuholzkontakt.

Weißburgunder – ein sanfter Charmeur
Gute Weißburgunder bieten so vorzüglichen Trinkgenuss und strahlen so viel Heiterkeit aus, dass man gar nicht anders kann, als sie ins Herz zu schließen. Sie präsentieren sich wundervoll zart, balanciert, meist mittelgewichtig, mit feiner Säure und angenehm cremiger Textur. Exzellente Exemplare entstehen im Elsass, in Südtirol, Baden und der Pfalz.

Grauburgunder – ein sanfter Kraftprotz
Die deutschen Grauburgunder kommen meist aus Baden und haben mehr Körper als die kultigen, im Allgemeinen jedoch etwas banalen Pinot Grigios aus Italien. Im Vergleich mit den Pinot Gris aus dem Elsass präsentieren sie sich allerdings frischer und leichter.

Weiße Rebsorten	Heimat	weitere Anbaugebiete
Chardonnay	Burgund - Côte de Beaune, Meursault, Montrachet	Frankreich: Pouilly-Fuissé, Auxey-Duresses, Chablis, Champagne USA: Sonoma, Carneros, Napa Valley, Santa Barbara County Deutschland: Pfalz, Baden Italien: nahezu überall Neuseeland: Marlborough, Hawkes Bay, Wairarapa, Auckland Australien: Yarra Valley, Eden Valley, Adelaide Hills Schaumweine: Champagne, Franciacorta
Riesling	Rhein/Mosel	Österreich Elsass Australien
Sauvignon Blanc	Loire - Sancerre, Pouilly-Fumé	Bordeaux, Norditalien, Steiermark (Österreich), Marlborough (Neuseeland), Südafrika, Chile
Chenin Blanc	Loire - Vouvray, Savennières	Südafrika
Sémillon	Bordeaux (Graves, Sauternes)	Hunter Valley (Australien)
Weißburgunder	Elsass, Kaiserstuhl, Pfalz	Deutschland, Frankreich, Kalifornien, Südtirol
Grauburgunder	Elsass, Kaiserstuhl, Pfalz	Deutschland, Frankreich, Italien, Kalifornien
Silvaner	Franken, Osteuropa	Elsass, Rheinhessen
Gewürztraminer	Tramin (Südtirol)	Elsass, Deutschland, Österreich
Grüner Veltliner	Österreich	–

Aroma	Stilistik
ohne Holzausbau: dezent fruchtig mit Holzausbau: Butterkeks, Vanille, geröstetes Brot	ohne Holzausbau: großes Spektrum, von leicht bis fordernd und üppig mit Holzausbau: kraftvoll, cremig & toastig
Aprikose, Pfirsich, Zitrus	trocken: von vital & erfrischend bis charakterstark & fordernd süß: fruchtig & elegant
Stachelbeeren, schwarze Johannisbeeren, Gras	großes Spektrum! Mal erfrischend und charmant, mal fordernd und cremig-toastig
Quitte, Anis, Birne	trocken: von charakterstark & fordernd bis cremig & toastig süß: fruchtig & elegant
Feige, Nektarine und Grapefruit	trocken: von charakterstark & fordernd bis cremig & toastig süß: kraftvoll & opulent
Birne, Apfelblüten	geschmeidig & charmant
Melone, getrocknete Bananen	mal geschmeidig & charmant, mal drall & üppig
Apfel, Pflaume	von vital & erfrischend bis geschmeidig & charmant
Rose, Litschi	mal mit harmonischer Süße, mal drall & üppig
Zitrus, Grapefruit, Pfeffer	von vital & erfrischend bis charakterstark & fordernd

Abgesehen von den üppig-konzentrierten Elsässern sind die meisten recht unkomplizierte und flexible Essensbegleiter.

Silvaner – in neuem Glanze

Im Gegensatz zum Riesling bringt der Silvaner weichere, säureärmere Weine hervor. In der Nase dominieren nicht fruchtige, sondern vegetabile und vom Boden kommende Aromen. Sehr gute Vertreter, die in der Regel vor allem in Franken und Rheinhessen entstehen, sind ungemein erfrischend und schwungvoll und gefallen am Gaumen durch ihre weiche und cremige Art. Die Besten warten mit einer Konzentration auf, die in ihrer üppigen Art ein wenig an Pinot Gris aus dem Elsass erinnert. Silvaner sind ungemein bekömmliche Weine und zugleich exzellente Speisenbegleiter, aber im Allgemeinen wird die Sorte unterschätzt.

Gewürztraminer – der extrovertierte Exot

Gewürztraminer sind extrovertierte Exoten. Auf der Basis niedriger Säure, hoher Alkoholwerte und etwas Restsüße entstehen mundfüllende Weine von verführerischer Geschmeidigkeit, die ein unvergleichlich sinnliches Trinkerlebnis garantieren. Das Aroma dieser Weine ähnelt einer Mischung aus Rosen, Litschis, Moschus und Orangenschalen. Die interessantesten Gewürztraminer kommen aus dem Elsass und sind mal gänzlich trocken, mal ungemein süß, aber immer berauschend. Auch in Deutschland und Norditalien entstehen in geringen Mengen köstliche Versionen.

Grüner Veltliner – der mit der Pfeffernote

Grüner Veltliner ist der Inbegriff österreichischen Weißweins. Ähnlich wie die Rieslingtraube kann die Sorte stilistisch sehr unterschiedliche Weine ergeben: von schlank und leicht bis schwer und alkoholreich, mal geprägt von allerlei Frucht- und Gewürzaromen, mal mit deutlicher Mineralität ausgestattet. Top-Vertreter kommen aus den österreichischen Regionen Wachau, Kamptal und Kremstal.

Rote Rebsorten

Cabernet Sauvignon – der Majestätische

Cabernet Sauvignon gilt als König unter den roten Rebsorten. Zwei Eigenschaften machen Cabernetweine so unverwechselbar: ihr Duft nach schwarzen Johannisbeeren sowie der stets spürbare Tanningehalt. Die besten Vertreter sind enorm alterungsfähig und verfügen dabei über einen sehr langen Zeitraum, in dem sie Trinkfreude bereiten. Im Alter präsentieren sie sich in der Nase komplex und am Gaumen zart und elegant. Zur Hochform läuft die Sorte in Kombination mit Merlot und Cabernet Franc in Bordeaux auf, aber auch in Kalifornien, Australien, Südamerika, Südafrika und der Toskana entsteht Beachtliches.

Merlot – der Sanfte

Unter allen noblen Rebsorten gilt Merlot als die freundlichste und zugänglichste. Doch ihre stilistische Vielfalt ist groß. Mal kommen die Weine leicht und saftig-fruchtig daher wie ein Beaujolais aus der Gamay-Traube, mal so zart wie ein Pinot Noir und ein andermal so mächtig und eichenholzwürzig wie ein Cabernet Sauvignon. In Bordeaux ist Merlot die meistangebaute Sorte und auch in den meisten Überseeregionen zählt sie zu den beliebtesten Varietäten.

Cabernet Franc – der Duftige
Die Sorte kommt vor allem im Raum Bordeaux als Cuvée-Partner von Merlot und Cabernet Sauvignon zum Einsatz. Reinsortig wird sie an der mittleren Loire und im Friaul ausgebaut und ergibt dann feinduftige, kräuterwürzige Weine mit mittlerem Körper und deutlich präsenter Tanninstruktur.

Syrah/Shiraz – der Wilde
Syrah und Shiraz sind Synonyme für dieselbe Rebsorte. Syrah ergibt an der Rhône Weine von dezenter Intensität, die Feinheit und Kraft auf wunderschöne Art verbinden. Den Kontrapunkt dazu setzen die runden, weichen, körperreichen, ja überströmenden australischen Shiraz aus dem Barossa Valley oder dem McLaren Vale mit ihrer extravaganten, verschwenderisch-üppigen Art. In welcher Weltgegend die Rebsorte auch angebaut wird – diese beiden gegensätzlichen Stile gelten als Referenzen und die Bezeichnung Syrah oder Shiraz folgt in der Regel dem Stil.

Pinot Noir/Spätburgunder – der Sinnliche
Spätburgunder können leicht und erfrischend sein oder als seidige, duftige Grandezza auftreten. Auf jeden Fall besitzen sie weit mehr Kraft und Intensität als ihre helle, transparente Farbe vermuten lässt. Sie sind stets energisch und zugleich überaus zärtlich und feinduftig. Die Sorte stellt höchste Ansprüche sowohl an

den Standort und die Pflege des Weinbergs als auch an das Feingefühl des Kellermeisters. In ihrer Heimat Burgund kann sie zu Höchstform auflaufen, aber auch in anderen Weltgegenden (Deutschland, Schweiz, Kalifornien, Oregon, Neuseeland, Südafrika) sind sensationelle Resultate möglich. In der Champagne spielt sie eine wichtige Rolle in der Schaumweinproduktion.

Grenache/Garnacha – der Gutmütige
Grenache-Weine symbolisieren die Bonvivants in der Welt der Rotweine, üppig und verschwenderisch, ungemein generös, sinnlich und verführerisch. Ihr herrlicher Duft erinnert an den Wochenmarkt einer Stadt in den provenzalischen Hügeln. Während sie am Gaumen kraftvoll und feurig daherkommen, ist ihre Tanninstruktur erstaunlich mild und abgerundet, die Textur cremig und geschmeidig. Auch in Spanien, wo sie Garnacha genannt wird, spielt die Sorte in den Regionen Rioja, Navarra und Priorato eine wichtige Rolle.

Tempranillo – der Großzügige
Der Klassiker aus Spanien und Portugal bringt sowohl kraftvolle als auch elegante und feine Weine hervor. Als ausgesprochener Teamplayer fühlt er sich am wohlsten in Cuvées. Tempranillo ist die wichtigste Sorte in Rioja und Ribera del Duero und auch beim Portwein ist sie mit von der Partie.

Sangiovese – der Fordernde
Diese Varietät ist vor allem in der Toskana sehr beliebt und ergibt Weine von herbem, rustikalem Charme, gelegentlich auch runde Vertreter mit geschmeidigem

Rote Rebsorten	Heimat	weitere Anbaugebiete
Cabernet Sauvignon	Bordeaux	weltweit; Kalifornien: Napa Valley, Dry Creek Valley, Mendocino County Australien: Coonawarra, Westaustralien Südafrika: Stellenbosch, Paarl Südamerika: Chile, Argentinien
Merlot	Bordeaux	weltweit; Italien, Languedoc, Kalifornien, Bulgarien, Australien, Südamerika
Cabernet Franc	Bordeaux	Loire, Norditalien
Syrah	Rhône	weltweit, oft als Shiraz; v.a. Languedoc-Roussillon, Australien, Südafrika
Pinot Noir	Burgund	Champagne, Deutschland, Kalifornien, Schweiz, Norditalien, Südafrika
Grenache	Rhône	Spanien, Sardinien, Übersee
Tempranillo	Rioja	Spanien, Portugal
Sangiovese	Toskana	Mittelitalien
Nebbiolo	Piemont	Lombardei

Mundgefühl. Es sind keine ganz einfachen Weine, dafür aber sehr individuell und stets wunderbare Speisenbegleiter. Bekannte Ursprungsgebiete sind Chianti Classico und Brunello di Montalcino.

Nebbiolo – der Geheimnisvolle

Weine aus der norditalienischen Nebbiolo-Traube sind Produkte für Genießer, die geschmackliche Herausforderungen nicht scheuen. Ein gelungenes Exemplar ist

Aroma	Stilistik
schwarze Johannisbeeren	großes Spektrum! Von herzhaft über charakterstark bis hin zu kraftvoll und mundfüllend
Pflaume, Teeblätter, Schokolade	von geschmeidig & sanft bis kraftvoll und mundfüllend
Beeren, Gewürze	von geschmeidig & charmant bis charakterstark & komplex
Brombeere, Pfeffer, Rauchfleisch	von charakterstark & komplex bis kraftvoll und mundfüllend
Kirsche, Beeren, süße Gewürze, Herbstlaub	großes Spektrum! Von vital & saftig über geschmeidig & sanft bis charakterstark & komplex
Himbeeren, Wildkräuter	von geschmeidig & sanft bis kraftvoll und mundfüllend
Maulbeeren, Tabak, Kräuter	von herzhaft & fordernd bis charakterstark & komplex
Holunder, Schlehe, Veilchen, Lorbeer, Salbei, Tee	von herzhaft & fordernd bis charakterstark & komplex
Pflaume, Rosen, Teer, Laub, Wald, Trüffel	von herzhaft & fordernd bis charakterstark & komplex

ein stets unvergleichlich eigenständiger und faszinierender, aber keineswegs immer leicht zugänglicher Wein. Von der vergleichsweise hellen, transparenten Farbe darf man sich nicht täuschen lassen, denn am Gaumen trumpfen Nebbiolo-Weine mit viel Alkohol, Säure und Tannin mächtig auf. Barolo im Piemont ist sicher das bekannteste Ursprungsgebiet.

5. Weinqualität – Bewertungsmaßstäbe kennenlernen

Bei der Weinqualität hat jeder seine eigenen Vorstellungen. Eine rein subjektive Perspektive neigt dazu, Weinqualität auf eine Frage des Geschmacks zu reduzieren. Gut ist in diesem Fall, was gefällt und Vergnügen bereitet. Für immer mehr Menschen sind ökologische, soziale und nachhaltige Aspekte bei den verwendeten Trauben und im Produktionsprozess bedeutsam und rechtfertigen gegebenenfalls höhere Preise. Für wiederum andere spielt das Alterungs- und Entwicklungspotenzial eines Weines oder sein rebsorten- und ursprungstypischer Charakter eine wichtige Rolle.

Obwohl unsere Geschmacksurteile subjektiven Präferenzen unterworfen sind, können wir dennoch versuchen, einen Wein unabhängig davon qualitativ zu beurteilen – vorausgesetzt, wir haben nicht den Anspruch auf Objektivität. Folgende Kriterien sind bei einer solchen Beurteilung sinnvoll.

Balance

Das harmonische Zusammenspiel von Duft, Geschmack, Körper und Textur wird als Balance bezeichnet. Balance beschreibt ein dynamisches Gleichgewicht, eine ästhetisch geordnete Vielfalt, eine harmonische, sich wechselseitig bereichernde Koexistenz von Verschiedenem, ja teilweise Gegensätzlichem. Aber es gibt kein absolutes Maß, welches das richtige Verhältnis bestimmt. Jeder Wein realisiert seine eigene, ganz persönliche und einmalige Harmonie – seine individuelle Kompositionslogik. Und jeder Genießer hat sein ganz persönliches Harmonieideal.

Komplexität

Komplexität beschreibt das qualitativ obere Ende einer Bewertungsskala, die mit einfach, eindimensional und banal begonnen hat. Im Wein meint sie das komplexe, vielschichtige Zusammenspiel einer großen Vielfalt an Duft- und Geschmacksnuancen.

Persistenz

Wenn man von einem Wein sagt, dass er »persistent« oder »lang« ist, so heißt das vor allem, dass man viel von ihm hat, dass also die Wirkungen, die er entfaltet, von großer Ausstrahlung sind. Keineswegs ist damit Intensität gemeint. Die besten Weine sind jene, die unaufhörlich flüstern.

Authentizität

Authentizität meint Unverwechselbarkeit und Ursprungsidentität. Authentischen Weinen merkt man in aller Deutlichkeit an, woher sie kommen. Sie haben eine Heimat und diese begründet ihre stilistische Originalität. Weingeschmack allein spricht vor allem unsere sinnliche Wahrnehmung an, Authentizität hingegen emotionalisiert und dringt zu unseren Herzen vor. Oder in den Worten der bekannten Weinpersönlichkeit Hugh Johnson: »Ich würde sogar einen schlechteren Wein vorziehen, wenn er mehr zu sagen hätte.«

Anmut und Eleganz

Zu Anmut und Eleganz gehören Ungekünsteltheit, Nonchalance und Leichtigkeit. Nur einer kleinen Minderheit unter den Weinen sind diese Privilegien vergönnt. Anmutige und elegante Weine entfalten gleich bei der ersten Begegnung einen wundervollen Zauber, sie wirken leichtfüßig, charmant und völlig unaufdringlich – auch dann noch, wenn ihnen eine große Geschmacksintensität eigen ist.

Bescheidenheit

Das ist eine Eigenschaft von Weinen, die sich als wundervolle Begleiter zum Essen und zu sozialen Ereignissen erweisen – im Gegensatz zu solchen, die unsere ganze Aufmerksamkeit einfordern. Auch wenn die Bescheidenen manchmal sehr viel Aufmerksamkeit benötigen, so schreien sie nicht danach, fordern sie nicht lauthals ein.

Verwunderung

Wow! Wie kann das bloß sein! Unvorstellbar schön! Derart in Erstaunen versetzt zu werden, ist ein besonderes Erlebnis und passiert nur im Falle außergewöhnlicher Weine.

Köstlichkeit

Wein muss schmecken – es reicht nicht, dass er komplex, balanciert, elegant und authentisch ist.

Kraft

Kraft spielt nur dann eine Rolle, wenn ein Wein Speisen begleiten soll. Fragen Sie sich, ob Sie eine Begegnung auf Augenhöhe wünschen oder ob einer der beiden Partner die Juniorrolle übernehmen soll. Allein auf den Wein bezogen ist Kraft weder eine positive noch eine negative Eigenschaft.

Süße

Zu manchen Weinen passt Süße ganz wunderbar, zu anderen nicht. Zu manchen Trinkanlässen sind süße

Weine ideal, zu anderen weniger. Zu manchen Menschen passen süße Weine perfekt, zu anderen nur ausnahmsweise.

6. Die wichtigsten Weinbegriffe

Abgang: geschmackliches und aromatisches Nachhallen des Weines nach dem Schlucken; ein langer Abgang (Finale, Länge) zeugt von guter Qualität.

Adstringenz: Eine Wahrnehmung im Mundraum, die oftmals als Austrocknen oder Zusammenziehen der Mundschleimhaut erlebt wird; sie kommt vor allem bei tanninbetonten Rotweinen vor.

Alkohol: das genussfähige Ethanol; ein hoher Alkoholgehalt macht sich im Wein durch eine Süße- und Wärmeempfindung bemerkbar (siehe auch Viskosität).

Alte Welt: die traditionellen Weinländer Europas

AOC: Abkürzung für »Appellation d'Origine Contrôllée«; höchste französische Qualitätskategorie; sie steht für Weinbaugebiete mit kontrolliertem Ursprungsschutz.

Appellation: ein geographisch eingegrenztes Weinbaugebiet

Aroma: der Duft des Weines

Auftakt: der erste Gaumeneindruck

Ausbau: kontrollierte Reifung des Weines im Anschluss an die alkoholische Gärung zum Zweck der Reifung und Verfeinerung

Autochthon: einheimisch; autochthone Rebsorten kommen nur in einem eng begrenzten Gebiet, in ihrer Heimat vor.

Bacchus: der Weingott der Römer und gleichzeitig der Name einer deutschen Rebsorte

Balance: das harmonische Zusammenspiel aller Weinkomponenten, vor allem Süße, Säure, Alkohol, Tannin und Aromen

Barriquefass: ein meist 225 Liter kleines Eichenholzfass, das für den Ausbau hochwertiger Rotweine und die Fermentation einiger weniger Weißweine eingesetzt wird. Die Herkunft des Holzes ist dabei ebenso wichtig wie sein Toastungsgrad.

Biodynamie: Der biologisch-dynamische Weinbau unterscheidet sich von anderen Richtungen des Bio-Landbaus durch den Einsatz spezieller Präparate (Hornmist, Hornkiesel, diverse Kompostpräparate). Arbeiten werden an Mondphasen orientiert; Kontrollverbund: Demeter

Biologischer Säureabbau (BSA): Die strenge Apfelsäure wird in die mildere Milchsäure umgewandelt, was vor allem Rotweine samtiger macht.

Biowein: Wein aus ökologischem Anbau und gesetzlich reglementierter Vinifizierung; Kontrollverbände: Ecovin, Bioland, EU

Bodega: Weingut auf Spanisch; eigentlich Bezeichnung für ein Lager- oder Kellergewölbe

Botrytis: Der Schimmelpilz Botrytis cinerea verursacht in seiner willkommenen Form die Edelfäule, die Grundlage einiger der begehrtesten Süßweine, in seiner unwillkommenen Form jedoch die Graufäule, die jeder Winzer fürchtet.

Brett: volkstümliche Bezeichnung für ein an Pferdemist erinnerndes Aroma im Wein, das von der Hefegattung Brettanomyces hervorgerufen wird

Brut: Bezeichnung für »trocken« beim Schaumwein

Château: »Schloss« auf Französisch, oft im Sinne von Weingut verwendet

Classico: Begriff für die klassischen, in der Regel höherwertigen Kerngebiete inmitten größerer Weinbauregionen in Italien

Cool-Climate-Gebiete: Weinbaugebiete mit kühlem Klima, langsamer und langer Vegetationsperiode; ideal für die Bereitung feiner, eleganter, säurebetonter Weine

Dekantieren: das Umfüllen des in der Regel gereiften Weines in einen Dekanter, um ihn von seinem Depot zu trennen

Depot: Bodensatz (Ablagerungen) bei alten Weinen; wird durch Dekantieren entfernt

D. O.: Abkürzung für »Denominación de Origen«, die spanische Bezeichnung für Weine mit geschützter Ursprungsbezeichnung

DOC(G): Abkürzung für »Denominazione di Origine Controllata (e Garantita)«; italienische Begriffe für Weine mit geschützter Ursprungsbezeichnung

Extra Brut: Bezeichnung für »sehr trocken« bei Schaumweinen

Extra Trocken: Bezeichnung für »trocken« bei Schaumweinen

Extrakt: was nach dem Verdampfen eines Weines übrig bleibt (Zucker, nichtflüchtige Säuren, Mineralien); Qualitätsmerkmal

Finesse: Qualitätsbezeichnung für subtile, elegante und vielschichtige Weine

Fuder: Traditionelles 1000-Liter-Holzfass für Weißweine an der Mosel

Gerbstoffe: Bezeichnung für jene Substanzen im Wein, die einen herben und adstringierenden, das heißt den Mund »zusammenziehenden« Eindruck vermitteln. Dazu zählen im Wesentlichen die Tannine.

Gran Reserva: spanische Bezeichnung für Weine, die erst nach sehr langer Lagerzeit (Fass und Flasche) in den Handel gelangen

Grand-Cru-Lage: Bezeichnung für außergewöhnlich gute Weinbergslagen, die in Frankreich gesetzlich geschützt sind

Großes Gewächs: Bezeichnung für hochwertige trockene Weine aus Deutschland, die in besonderen, vom VDP (Verband Deutscher Prädikatsweingüter) klassifizierten Lagen entstehen, in denen optimale Wachstumsbedingungen herrschen und in denen nachweislich über lange Zeit Weine von hoher Güte erzeugt werden.

Gutswein: Bezeichnung für den Basiswein eines Weingutes nach dem Klassifikationsmodell des VDP

Kabinett: eine Prädikatsstufe im deutschen Weingesetz; im Ranking unter der Spätlese angesiedelt; meist sind es leichte, alkoholarme Weine.

Körper: Begriff für die Fülle, Substanz eine Weines; von schlank bis körperreich; Ursache sind vor allem Alkohol und Extrakt.

komplex: Qualitätsbezeichnung für vielschichtige, nuancenreiche Weine

Länge: Ein Wein hat Länge, wenn sein Duft und Geschmack lange nachhallen.

Maische: Masse aus angequetschten Trauben: Saft, Schalen und Kerne

Méthode champenoise: die klassische Champagnermethode mit Flaschengärung für die Schaumweinerzeugung

Mineralität: mit der Zunge spürbare Wahrnehmung, die an die Beschaffenheit von (nassen) Steinen erinnert; leicht salzig; Ursache: mineralienreiche Böden

Most: Bezeichnung für frisch gepressten, unvergorenen Traubensaft

Mostgewicht: Maß für den Reifegrad der Trauben auf der Basis ihres Zuckergehalts; die Maßeinheit sind Öchslegrade.

Mostkonzentrierung: Bezeichnung für verschiedene Verfahren, den Most durch Abzug von Flüssigkeit zu konzentrieren

Mundgefühl: wie uns ein Wein am Gaumen berührt (zart, seidig, geschmeidig, rau)

Neue Welt: Ausdruck für die außereuropäischen Weinbauländer

Neuholzprägung: Weine mit Duft- und Geschmackseigenschaften, die von der Lagerung in neuen (Barrique-)Fässern stammen

Öchslegrad: Maßeinheit, um das Mostgewicht (die Süße des unvergorenen Traubensafts) zu messen

Ortswein: Bezeichnung für die mittlere Qualitätskategorie (über dem Gutswein und unter der Ersten Lage) eines Weingutes nach dem Klassifikationsmodell des VDP

Phenole: Bezeichnung für eine Gruppe chemischer Verbindungen, die vor allem in der Beerenschale und den Kernen vorkommen. Zu den Phenolen im Wein gehören die Farbpigmente sowie die Tannine.

Premier-Cru-Lage: als besonders hochwertig klassifizierte Weinbergslage, jedoch noch unterhalb der Grand-Cru-Lage angesiedelt

Reinzuchthefen: In speziellen Labors gezüchtete Reinzuchthefen werden eingesetzt, um den Traubenzucker in Alkohol zu vergären. Manche Winzer vergären ihre Weine »spontan« mittels der in Weinberg und Keller vorhandenen natürlichen Hefen.

Reserva/Riserva: Spanische/italienische Weine mit dieser Bezeichnung müssen eine Mindestzeit im Holzfass und anschließend in der Flasche reifen, bevor sie verkauft werden dürfen.

Säure: Verschiedene Säuretypen (Weinsäure, Apfelsäure …) sorgen im Wein für Frische und Lebendigkeit – von säurearm bis säurereich.

Schwefel (Sulfite): Wegen seiner antioxidativen Eigenschaften wird er seit Jahrhunderten als Konservierungsmittel eingesetzt; Höchstgrenzen sind gesetzlich festgelegt.

Spätlese: eine Prädikatsstufe unter der Auslese und über dem Kabinett im Deutschen Weingesetz. Trockene Varianten sind in der Regel recht kraftvolle Weine mit einem Alkoholgehalt von mindestens 12 Volumenprozent. Süße Vertreter sind deutlich alkoholärmer.

Spontangärung: Bezeichnung für den Gärvorgang ohne Zugabe von Reinzuchthefen

Spumante: italienischer Begriff für Schaumweine

Stillwein: Antonym zu Schaumwein

Struktur: die innere Architektur eines Weines; strukturbildend ist das Zusammenspiel der Elemente Extrakt, Tannin, Säure und Alkohol.

Süßreserve: unvergorener Traubensaft, der – laut Deutschem Weingesetz – zur nachträglichen Süßung einem trockenen, durchgegorenen Wein zugegeben werden darf.

Tannin: auch als Gerbstoff bezeichnet; entstammt vor allem den Beerenhäuten, kommt aber auch aus dem Holz neuer Fässer

Terroir: ein viel diskutierter Begriff; umfasst die gesamte natürliche Umgebung des Rebstocks (Boden,

Unterboden, Topographie, Klima und Mikroklima) und den Einfluss des Menschen darauf

Textur: Unter der Textur eines Weines versteht man seine Oberflächenbeschaffenheit und die Art, wie er uns an Zunge und Gaumen berührt (seidig, samtig, rau).

Toasting: Anröstung der inneren Fasswandung bei Barriquefässern; verleiht dem Wein, der darin lagert, zusätzliche Aromastoffe (süße Gewürze, Röstaromen).

Trocken: Ein Wein gilt als trocken, wenn er über keine Süße verfügt.

Trockenbeerenauslesen: die süßesten deutschen Weine; sie entstehen aus rosinierten Beeren, die aufgrund des Schimmelpilzes Botrytis cinerea einen großen Teil ihres Saftes verloren haben.

Unterlagsrebe: Bezeichnung für den reblausresistenten Wurzelstock eines gepfropften Rebstocks

Verschnitt: weingesetzliche Bezeichnung für das Vermischen von Weinen und Mosten; nicht zu verwechseln mit Panscherei!

Vinifikation: Begriff für den gesamten Prozess der Weinbereitung

Viskosität: die Zähflüssigkeit eines Getränks, die mit zunehmendem Alkoholgehalt ansteigt

Weinstein: geruch- und geschmacklose Kristalle vom Salz der Weinsäure; kein Fehler!

wurzelecht: Wurzelechte Rebstöcke sind nicht auf Unterlagsreben gepfropft, sondern wachsen mit ihren eigenen Wurzeln.

Zweitwein: Bezeichnung für den zweitbesten Wein eines bekannten Weinguts

Praktische Weinkompetenz

Die nächsten Abschnitte machen Sie fit für die Praxis. Praktische Weinkompetenz ist im Businessalltag in der Regel immer dann gefragt, wenn Wein ausgewählt und zu bestimmten Anlässen serviert werden muss. Wer die Standards des Weinhandlings beherrscht und im Restaurant eine gute Figur macht, wird hier nicht so leicht aus der Ruhe zu bringen sein.

7. Die Standards des Weinhandlings

Rund um den Weingenuss herrschen zahllose Unsicherheiten. Gibt es gute und schlechte Einkaufsquellen? Wann und zu welchem Anlass soll die Flasche geöffnet werden? Wie ist die optimale Trinktemperatur? In welchen Fällen wird dekantiert und karaffiert? Welche Rolle spielen die Gläser?

Die wichtigste Regel rund ums Weinhandling lautet: Feste und unumstößliche Regeln gibt es nicht. Aber natürlich macht es Sinn, die bewährten Erfahrungen von Generationen von Weinliebhabern zu kennen und einzubringen – nicht stur, aber immer dann, wenn die Situation es erfordert. Während Sie in Ihrem Privatbereich selbst entscheiden können, wie Sie Wein servieren und ihm am liebsten begegnen, gilt die Einhaltung bestimmter Standards im beruflichen Kontext als selbstverständlich. Hier die wichtigsten Punkte.

Einkauf

Supermärkte, Discounter und Getränkehändler können eine gute Quelle für einfache Alltagsweine sein. Wenn Sie jedoch eine interessantere Auswahl wünschen, vielleicht weil Sie ein Geschenk für Kollegen oder Vorgesetzte suchen, dann sollten Sie in ein Weinfachgeschäft gehen. Das lohnt sich auch deshalb, weil Sie dort Wein probieren und Beratungsleistungen in Anspruch nehmen können. Haben Sie wenig Erfahrung, dann empfiehlt es sich, mal hier, mal da einzukaufen und dabei zunächst mehr auf Beratung und Service zu achten als auf den Preis. Stellen Sie Fragen, dann wird sich schnell die Spreu vom Weizen trennen. Seriöse Händler werden Sie ausgiebig beraten und Ihre Fragen beantworten. Meiden Sie all jene, die nur die Punktbewertungen einiger Kritiker als Kaufargumente anführen.

Wenn Sie die wundervolle Welt der Weine entdecken wollen, dann ist Experimentieren ein Muss, auch wenn Sie immer mal wieder eine Niete ziehen. Mit der Zeit werden Sie Ihre persönlichen Vorlieben immer besser kennenlernen.

Eine nicht ganz alltägliche, aber sehr emotionale Art der Weinbeschaffung ist der Einkauf beim Winzer. Und immer, wenn Sie später eine Flasche öffnen, werden die Erinnerungen an die Landschaft und die Menschen im Weinbaugebiet wach und anregende Geschichten lassen sich erzählen.

Weinauswahl

Stimmen Sie bereits beim Einkauf Art, Qualität und Preisniveau des Weines mit den jeweiligen Trinkanlässen ab. Bedenken Sie vor allem, wie und wann der Wein zum Einsatz kommen soll:

- kräftige Weine zum Essen, leichte und zarte eher als Solisten (siehe Kapitel 9)
- leichte und fruchtbetonte zur Party, ausdrucksstarke zum Festmahl
- vitale und erfrischende Weißweine an warmen Sommerabenden auf der Terrasse, herzhafte und kraftvolle an kalten Wintertagen
- alle einfacheren Weine für den zeitnahen Konsum, alterungsfähige Weine für eine längere Flaschenlagerung (siehe Seite 96)
- edle, besonders teure Weine für außergewöhnliche Anlässe

Ob zu Hause oder im Restaurant – orientieren Sie sich bei der Auswahl nicht allein an objektiven Gegebenheiten, sondern bedenken Sie immer auch die Gewohnheiten und Vorlieben Ihrer Gäste.

Wein- und Sektflaschen öffnen

Wem ist nicht schon einmal ein Korken beim Rausziehen kaputtgegangen? Das kann jedem passieren und ist absolut kein Drama. Kork tut dem Wein nicht weh. Entfernen Sie die Stückchen einfach mit einem Löffel oder einer Gabel. Um zu testen, ob Kork in den Wein gelangt ist, schenken Sie sich als Gastgeber immer selbst zuerst einen kleinen Schluck ein. Ein sicherer Weg, den Korken zu verstümmeln und Korkpartikel in den Wein zu bekommen, ist die Verwendung eines Flügelkorkenziehers mit einem kurzen, dicken Bohrer. Brauchbare Geräte hingegen durchstoßen niemals den

Kork. Sie besitzen eine Spirale mit einer nach innen offenen Windung, die sich sanft in den Korken hineindreht, ohne ihn zu verletzen. Empfehlenswerte Korkenzieher sind zum Beispiel der Screwpull, das Kellnermesser und der Corkyboy.

Beim Öffnen von Sektflaschen erkennen Sie den Könner daran, dass Sie nichts hören. Das heißt: Positionieren Sie die Flasche in einem 45-Grad-Winkel, halten Sie den Korken mit der einen Hand fest, während Sie mit der anderen die Flasche vorsichtig drehen. Wenn Sie spüren, dass der Kohlensäuredruck am Korken drückt, halten Sie so stark dagegen, dass er nur sanft mit einem leichten Zischen entweichen kann.

Trinktemperatur

Der Einfluss der Trinktemperatur auf den Geschmack eines Weines ist enorm. Nur wer vorausschauend plant und handelt, wird diesbezüglich erfolgreich sein. Hier gilt die Faustregel: Bei einem Wein, den Sie mit einer Temperatur von 10 Grad Celsius aus dem Keller holen, beträgt die Erwärmung bei Zimmertemperatur etwa ein Grad in drei bis vier Minuten. Verwenden Sie zum Kühlen den Kühlschrank, zur Not auch mal das Eisfach, aber vermeiden Sie zum Erwärmen Mikrowelle und Backofen. Um die nachfolgenden Empfehlungen zu beherzigen, kann es sich lohnen, ein spezielles Weinthermometer anzuschaffen.

- Champagner und Sekt: 7 bis 8° C
- leichte und fruchtbetonte Weißweine: 9 bis 11° C
- ausdrucksstarke und opulente Weißweine: 11 bis 13° C

- leichte und mittelschwere Rotweine: 14 bis 16° C
- ausdrucksstarke und kraftvolle Rotweine: 16 bis 18° C
- Süßweine: 12 bis 15° C
- mit Alkohol angereichert (weiß und trocken): 10 bis 12° C
- mit Alkohol angereichert (opulent): 14 bis 17° C

Dekantieren

Dekantieren bedeutet eigentlich das Trennen des Weines von überflüssigen Trubstoffen (Depot). Diese entstehen besonders bei Rotweinen während längerer Flaschenreifung. Die abgesetzten Teilchen stören jedoch den Weingenuss mit bitterem Geschmack und sandiger Struktur. Deshalb wird der Wein durch vorsichtiges Umfüllen in eine Karaffe von seinem Depot getrennt – entweder klassisch ohne Hilfsmittel oder modern mit Dekantiersieb.

Dekantieren Sie alte Weine immer nur unmittelbar vor dem Trinkgenuss, denn ihr größter Feind ist der Sauerstoff. Hierbei empfiehlt sich die sogenannte »Entenkaraffe«, da sie durch ihre Form nur wenig Sauerstoffkontakt zulässt. Den Wein dann bitte zeitnah austrinken.

Karaffieren

Entwicklungsbedürftige, vor allem kräftige, tanninbetonte Rotweine, die Sie vor ihrer eigentlichen Trinkreife öffnen, benötigen Sauerstoffkontakt. Immer, wenn Sie der Meinung sind, dass ein Wein sich noch nicht optimal präsentiert, füllen Sie den Flascheninhalt in eine tellerminenförmige Dekantierkaraffe, die einen großflächigen Kontakt der Luft zur Weinoberfläche gewährleistet. Die Zeit im Dekantiergefäß ist abhängig von der Verschlossenheit eines Weines und kann im Extremfall bis zu 24 Stunden betragen. Zwischendurch immer wieder mal probieren!

Gläser

Wein trinkt sich am schönsten aus ungefärbten, unverzierten, ungeschliffenen und möglichst dünnen Gläsern. Je nach Form und Material kann das Glas die Entfaltung der Aromen fördern, den Gaumenauftritt versüßen und das ästhetische Trinkerlebnis steigern. Aber es ist nicht nötig, für jeden beliebigen Wein ein besonderes Glas einzusetzen. Hauptsache, es hat einen Stiel und Sie können es fassen und schwenken, ohne die Temperatur des Weines zu beeinflussen und den Kelch zu beschmutzen. Füllen Sie die Gläser immer nur zu einem Drittel, damit sich die Aromen entfalten können. Umso kraftvoller und opulenter der Wein, desto größer darf der Kelch des Glases sein. Deshalb wird in der Regel für Rotweine ein größeres Glas als für Weißweine eingesetzt. Sehr gute Angebote finden Sie bei den Herstellern Schott, Spiegelau, Eisch und Riedel.

Avinieren

Durch Avinieren werden die Gläser »weinfreundlich« gemacht. Mit einer kleinen Menge Wein wird die Innenseite des Glases sorgfältig benetzt, so werden eventuell störende Gerüche beseitigt. Solche Gerüche können durch das Aufbewahren der Gläser in Holzschränken oder durch Spülmittel entstehen und das Aroma des Weines verfälschen. Alkohol ist in der Lage, selbst Geruchsstoffe zu lösen, die durch einfaches Ausspülen mit klarem Wasser nicht zu entfernen wären.

Geben Sie zunächst einen Schluck Wein in ein frisches Glas. Mit der einen Hand halten Sie es am Stiel fest, mit der anderen beginnen Sie das Glas am Fuß zu drehen und dabei immer schräger zu halten. So werden die Glasinnenwände vollständig benetzt. Mit ein wenig Übung und Geschick gelingt es Ihnen, auch den oberen Glasrand zu avinieren, ohne dass Wein überläuft. Dann wird der Spülwein in das nächste Glas geschenkt, bis schließlich alle Gläser »weinfreundlich« sind.

8. Ihr umsichtiger Auftritt im Restaurant

Die Qualität der Weinkarten ist von Restaurant zu Restaurant sehr unterschiedlich – sowohl bei der Angebotsvielfalt als auch bei den Aspekten Übersichtlichkeit, Vollständigkeit der Informationen und Aktualität. Wenn Sie Geschäftskunden bewirten, sollten Sie deshalb nicht unvorbereitet der Weinkarte gegenübertreten. Informieren Sie sich vorab per Telefon oder über die Internetseite des Restaurants und holen Sie gegebenenfalls weitere Informationen über andere Quellen ein (Internetportale, Weinbücher, befreundete Weinliebhaber).

Woran Sie gute Weinkarten erkennen

Die Weinkarte in einem guten Restaurant erfüllt folgende Kriterien:

- Das Weinangebot wird übersichtlich präsentiert.
- Jeder aufgeführte Wein enthält Angaben zu seinem Namen (Rebsorte oder Herkunftsgebiet), zum Jahrgang und zum Produzenten.
- Jeder Wein hat eine Bestellnummer, was die Bestellung auch im Falle von Ausspracheproblemen vereinfacht.
- Die Preise sind aufgeführt.
- Kurze Beschreibungen zur Stilistik sind beigefügt.

Der Aufbau der Weinkarte – für die schnelle Orientierung

Mehrere Gliederungsprinzipien sind üblich, wobei innerhalb der jeweiligen Kategorien die Sortierung meistens nach Preisen erfolgt:

- Weißwein, Rotwein, Schaumwein, Dessertwein
- nach Ländern und innerhalb der Länder nach Regionen
- nach Rebsorten
- nach dem Weinstil (siehe Kapitel 3)

Wer darf auswählen?

Üblicherweise wird pro Tisch nur eine Weinkarte ausgegeben. Verlangen Sie eine zweite, wenn Ihnen das wichtig erscheint. In der Regel wird die Karte dem ältesten männlichen Gast ausgehändigt. Weisen Sie das Personal darauf hin, wenn Sie es anders wünschen.

Ihre Bestellung

Sollte Ihnen die Auswahl schwerfallen, scheuen Sie sich nicht, das Personal nach Empfehlungen zu fragen. In einigen gut geführten Restaurants können Sie auf die Beratung eines Sommeliers, also eines Spezialisten für gelungene Wein-Speise-Kombinationen, zurückgreifen. Auf jeden Fall ist es sinnvoll, die Auswahl preislich einzugrenzen. Sollte ein weinerfahrener Gast mit am Tisch sitzen, ist es sicher auch eine gute Idee, ihn um einen Vorschlag zu bitten. Achten Sie schließlich darauf, Ihre Weinbestellung rechtzeitig aufzugeben, damit er spätestens zur Vorspeise am Tisch ist.

Der Trend zum Offenausschank gibt Ihnen die Möglichkeit, jeden Gang eines Menüs mit dem passenden Wein zu kombinieren. Engagierte Lokale bieten eigens zu diesem Zweck sogenannte »Weinmenüs« an und schenken zu jedem Gang einen ausgesuchten Wein aus. Bitten Sie immer darum, dass der Wein am Tisch ausgeschenkt wird. Die Präsentation der Flasche und Erklärungen zum Etikett sind in guten Restaurants selbstverständlich.

Rituale der Weinpräsentation

Gelegentlich wird die Präsentation des Weines so andächtig zelebriert, dass der Eindruck entsteht, man wohne einem spirituellen Akt bei. Um was geht es bei diesem Ritual?

- Sie kontrollieren, ob es sich um die bestellte Flasche handelt (Name, Jahrgang, etc.).
- Nach dem Öffnen der Flasche prüfen Sie den Zustand des Korkens, denn sollte er komplett durchnässt oder vollkommen ausgetrocknet sein,

deutet dies darauf hin, dass Sauerstoff in die Flasche gelangen konnte und der Wein möglicherweise hinüber und ungenießbar ist. Prüfen Sie zudem seinen Geruch. Riecht er muffig oder schimmelig, ist auch der Wein »korkig« und ungenießbar. Aber selbst wenn Ihnen der Korken problematisch erscheint, geben Sie dem Wein auf jeden Fall eine Chance.

- Prüfen Sie Optik, Duft, Geschmack und die Temperatur des Probeschlucks. Wenn Sie etwas einzuwenden haben, ist jetzt der richtige Zeitpunkt dafür. Wenn Sie der Meinung sind, dass der Wein dekantiert oder karaffiert, gekühlt oder temperiert werden sollte, besprechen Sie es mit dem Kellner, damit er die nötigen Schritte veranlassen kann.
- Sollten Sie beim Probieren einen Fehler (muffiger Kellerton, Essig- oder Klebstoffgeruch) vermuten, bitten Sie den Kellner um seine Meinung. Gelegentlich werden Duft- und Geschmackseindrücke, die von der Fasslagerung oder Flaschenreife stammen, fälschlicherweise als Fehler moniert. Falls Sie unsicher sind, ob der Wein einwandfrei ist, können Sie auch eine weitere Meinung am Tisch einholen. Das ist allemal besser, als sich später zu blamieren, wenn die Flasche von Ihren Gästen als fehlerhaft beurteilt wird. Bestehen Sie schließlich auf einer neuen Flasche, wird man Ihre Entscheidung respektieren und eine neue Flasche an den Tisch bringen. Das Ritual beginnt von Neuem …

9. Beziehungskisten – Wein und Speisen geschmackvoll kombinieren

Die optimale Harmonie von Speise und Wein hängt von vielen Faktoren ab. Denn ebenso wie Wein ein komplexes Konstrukt aus Süßem und Saurem, Aromatischem und Alkoholischem darstellt, mischen sich auch in einem Gericht sehr viele verschiedene Geschmackseindrücke: Es gibt neben süßen und salzigen auch saure und bittere Komponenten, neben allerlei Aromen auch die unterschiedlichsten Texturen wie schmelzend, cremig, weich, fettig, kross oder fest. Schließlich erlebt jeder Mensch die einzelnen Bestandteile und erst recht ihr Zusammenspiel auf seine ganz persönliche Art, und so kommen selbst perfekt abgestimmte Kombinationen längst nicht bei jedem gleichermaßen gut an.

Wer diesen Zusammenhängen Aufmerksamkeit schenkt, kann bewegende Momente erleben. Denn wenn Essen und Wein perfekt zueinander passen, dann können sie sich gegenseitig in noch hellerem Licht erstrahlen lassen, schmecken zusammen noch einmal besser als für sich alleine. Eine Traumpaarung ist entstanden. Wenn sie sich jedoch gegenseitig das Leben schwer machen, dann herrscht Beziehungskrieg. Dabei ist es kein Zufall, ob glückliche Partnerschaften oder feindselige Konstellationen entstehen – das können Sie aktiv bestimmen. Dazu müssen Sie nur einige grundlegende Prinzipien beachten.

Leichte und fruchtbetonte Weißweine

Solche Weine fühlen sich wohl, wenn die Speisen säure- und fettarm und nicht zu salzig sind. Pochierte und gekochte Gerichte passen besser als gebratene und gegrillte. Speisen mit ausgeprägter Süße, Schärfe und Bitterstoffen mögen sie gar nicht.

Ausdrucksstarke und opulente Weißweine
Sie sind dann empfehlenswert, wenn die Speisen einen moderaten Salz- und Säuregehalt und einen zarten Bittertouch haben; die Gerichte dürfen fettreich sein und können gebraten, gegrillt und geschmort zubereitet werden.

Leichte und mittelschwere Rotweine
Sie fühlen sich immer dann wohl, wenn die Speisen nicht zu salzig, säurereich und scharf sind. Sie mögen sowohl Gebratenes als auch Gegrilltes.

Ausdrucksstarke und kraftvolle Rotweine
Sie mögen zwar weder Säure noch Süße und Schärfe, kommen aber mit den unterschiedlichsten Salz- und Bittergehalten perfekt zurecht. Sie lieben Fettreiches, vor allem wenn es gebraten und gegrillt wurde.

Schaumweine
Schaumweine sind fast universell einsetzbar – vorausgesetzt, die Speisen sind nicht in irgendeiner Richtung allzu extrem.

Süßweine
Süßweine lieben es üppig in alle Richtungen: säurebetont, süß, salzig, bitter, scharf, fettreich und auch Gerichte, die gebraten und gegrillt sind.

Mit Alkohol angereicherte Weine

Mit Alkohol angereicherte Weine kommen ähnlich wie Süßweine mit vielem gut zurecht, durchaus auch hoch dosiert – vorausgesetzt, es ist nicht roh und fettarm. Die trockenen Vertreter passen allerdings nicht zu Süßspeisen.

Jetzt erfolgt ein Perspektivenwechsel. Aus Sicht gängiger Speisen werden die passenden Weine gesucht. Konkrete Weinempfehlungen finden Sie in der Tabelle am Ende des Abschnitts.

Vorspeisen

Bei aller Vielfalt der infrage kommenden Vorspeisengerichte gilt für die begleitenden Weine eine gemeinsame Richtlinie: Sie sollten niemals schwer und alkoholreich sein. Am Anfang eines Menüs ist Leichtigkeit Trumpf.

Gemüse

Gemüsegerichte harmonieren sehr gut zu geschmeidigen, charmanten, aber auch zu charakterstarken Weißweinen.

Teig- und Getreidegerichte

Da die geschmacklich dominanten Bestandteile dieser Gerichte von den Saucen oder anderen Zutaten stammen, sind generelle Empfehlungen schwierig. Geschmeidige, charmante und nicht allzu schwere Weiß- und Rotweine sind in der Regel kräftigeren Vertretern vorzuziehen.

Fisch
Der passende Wein zum Fisch hängt stark von der Zubereitungsart ab, weshalb das Spektrum infrage kommender Weine von vitalen und erfrischenden bis hin zu charakterstarken Weißweinen mit Holzeinfluss reicht.

Geflügel
Während die meisten Enten- und Gänsegerichte nach kraftvollen Rotweinen verlangen, passen zum zarten Hühnchenfleisch vor allem leichte Weißweine.

Fleisch
Die Zubereitungsart, nicht die Farbe des Fleisches entscheidet über die Farbe des begleitenden Weines. Zum gekochten Fleisch harmonieren Weißweine, während immer dann, wenn wie beim Grillen, Schmoren und Braten Röstaromen entstehen, Rotweine besser passen.

Käse
Auch wenn Sie es anders gelernt haben: Zum Käse passt in vielen Fällen Weißwein besser als Rotwein.

Dessert
Süßspeisen und Wein ergeben nur dann eine attraktive Geschmackshochzeit, wenn der Wein mindestens so süß ist wie das Dessert.

Aus der nachfolgenden Übersicht können Sie aus der Perspektive einzelner Speisen ersehen, welche Weine in der Regel gut harmonieren.

Speisen	Weinstilistik	Empfehlung
	Vorspeisen	
Salat mit Vinaigrette	säurearme, fruchtbetonte Weißweine	Rivaner Silvaner Pinot Grigio Rueda
Salade niçoise	Rosé und leichte Rotweine	Provence, Ventoux, Portugieser, Trollinger
Antipasti	leichte, fruchtbetonte Weißweine; Rosé	Soave Lugana Vermentino Rosé
Rinder-carpaccio	vitale, saftige Rotweine	Beaujolais Barbera Chianti
Austern	vitale, erfrischende und charakterstarke Weißweine	Chablis Muscadet Sauvignon Steiermark
Gänseleber	Süßweine, v.a. kraftvolle, opulente	Gewürztraminer Beerenauslesen Sauternes
Minestrone mit Parmesan	saftige, erfrischende Rotweine	Bardolino Chianti Vernatsch
Consommé	trockene, mit Alkohol angereicherte Weine	Sherry
Bouillabaisse	Weiß- oder Rotwein aus Meeresnähe	Bandol rouge
Kokossuppe mit Zitronengras	Weißweine mit harmonischer Fruchtsüße	Riesling Kabinett oder Spätlese
Meeresfrüchte	vitale, erfrischende Weißweine	Riesling Gutswein Muscadet Chablis
Krustentiere	Weißweine mit Fassausbau und üppige Typen	Chardonnay aus Übersee Grauburgunder, Vin Jaune

Speisen	Weinstilistik	Empfehlung
Gemüse/Vegetarische Gerichte		
Spargel	geschmeidige, charmante Weißweine	Silvaner · Weißburgunder
Pilze mit Sahnesauce	ausdrucksstarke, opulente Weißweine	Barrique-Chardonnay Rhône Grauburgunder
Pilze mit dunkler Fleischsauce	geschmeidige und charakterstarke Rotweine	Pinot Noir/Spätburgunder Rioja Barolo
Ratatouille	Rosé und saftige, erfrischende Rotweine	Navarra Rosé Beaujolais Etna Rosso
Gemüseauflauf	vitale, erfrischende Weißweine	Müller-Thurgau Grüner Veltliner Vinho Verde
Gemüse-Quiche	leichte, mittelschwere Rotweine	Montepulciano d'Abruzzo Teroldego
Teig- und Getreidegerichte		
Pizza	geschmeidige, sanfte Rotweine	Valpolicella St. Laurent Spätburgunder Merlot
Pasta mit Sahnesauce	geschmeidige und cremige Weißweine mit und ohne Fassausbau	Chardonnay Grauburgunder Rhône
Pasta mit Fleischsauce	saftig-erfrischende und sanfte Rotweine	Bardolino Valpolicella Barbera Merlot
Lasagne	geschmeidig-charmante Weißweine	Weißburgunder Pinot Grigio Soave Silvaner
Maultaschen	leichte, mittelschwere Rotweine	Vernatsch/Trollinger Spätburgunder

Speisen	Weinstilistik	Empfehlung
Risotto	geschmeidige und cremige Weißweine mit und ohne Fassausbau	Collio Roero Arneis Chardonnay Grauburgunder
Quiche Lorraine	charakterstarke und üppige Weißweine	Grauburgunder Riesling Elsass Pinot Gris Elsass
	Fisch	
pochiert (Zander, Seezunge, Steinbutt)	leichte, fruchtbetonte Weißweine	Weißburgunder Sauvignon Blanc Vermentino
gebraten oder gegrillt (Dorade, Wolfsbarsch)	charakterstarke Weißweine mit und ohne Holzeinfluss	Chardonnay Grüner Veltliner Chenin Blanc Swartland Graves Hermitage
geräucherter Fisch	charakterstarke Weißweine mit Mineralität	Riesling von Schieferböden
	Geflügel	
Coq au vin	mittelschwere, saftige Rotweine	Beaujolais Bardolino Spätburgunder
Ente süß-sauer	ausdrucksstarke, opulente Weißweine	Vouvray Riesling Großes Gewächs Smaragd Wachau Scheurebe halbtrocken
Gänsebraten	geschmeidig-sanfte Rotweine	Spätburgunder Arbois Trousseau St. Laurent Tessiner Merlot
Hühnerfrikassee	geschmeidig-charmante Weißweine	Weißburgunder Franken Silvaner Soave Roero Arneis

Speisen	Weinstilistik	Empfehlung
	Fleisch	
Schweinelende	fruchtbetonte Weißweine	Weißburgunder Roero Arneis Rueda
Wiener Schnitzel	fruchtiger, erfrischender Weißwein	Riesling Grüner Veltliner Gavi Verdicchio
Tafelspitz	erfrischende, charmante Weißweine	Grüner Veltliner Federspiel Riesling Gutswein Silvaner
Ossobuco	saftige Rotweine	Barbera Montepulciano d'Abruzzo Valpolicella
Rinderschmorbraten	ausdrucksstarke, charaktervolle Rotweine	Barolo Brunello Ribera del Duero Douro
Rindersteak	fordernde, charakterstarke Rotweine	Bordeaux Chianti Classico Taurasi Shiraz Australien Pinotage
Gulasch	kraftvolle, mundfüllende Rotweine	Bierzo Malbec Shiraz Merlot Kalifornien
Lammkoteletts	herzhafte, fordernde Rotweine	Cahors Madiran Salice Salentino Toro
Lamm-Curry (scharf)	fruchtig-elegante Süßweine	Riesling Spätlesen Auslesen Vouvray Elsass Vendanges Tardives

Speisen	Weinstilistik	Empfehlung
Wildschwein	kraftvolle, mundfüllende Rotweine	Barolo Brunello Shiraz Châteauneuf-du-Pape
Reh/Hirsch	samtige Rotweine; gereifter Süßwein	Amarone Shiraz Australien Zinfandel Riesling Auslese
	Käse	
Ziegenkäse (Saint-Maure, Crottin de Chavignol)	leichte, fruchtbetonte Weißweine	Sancerre Sauvignon Blanc
Weichkäse (Camembert, Brie, Chaource)	geschmeidig-sanfte Rotweine	Spätburgunder Merlot Trousseau Champagner
Hartkäse (Beaufort, Comté, Pecorino)	kraftvolle, charakterstarke Weine	Vin Jaune Chardonnay Chianti Classico
Blauschimmelkäse	Süßweine	Sauternes Gewürztraminer Beerenauslese Port
Münster	üppig-ausladende Weißweine	Gewürztraminer
	Dessert	
Früchtedessert	Schaumwein mit Restsüße	Moscato d'Asti Champagner demi-sec
Crème caramel	fruchtig-elegante Süßweine	Beerenauslese
Panna cotta	leichte, fruchtige Schaumweine	Moscato d'Asti
Crêpes	kraftvolle, opulente Süßweine	Jurancon Sauternes Coteaux du Layon

Speisen	Weinstilistik	Empfehlung
Apfelkuchen	fruchtig-elegante Süßweine	Riesling Auslese
Mousse au chocolat	opulente angereicherte Weine	Banyuls Madeira Malmsey Port
Zabaione	opulente angereicherte Weine	Muscat de Rivesaltes
	Schokolade	
Milchschokolade mit rund 30% Kakao	fruchtig-elegante Süßweine	Spätlesen
Kakaoanteil zwischen 50% und 70%	samtig, mundfüllende Rotweine oder opulente angereicherte Weine	Zinfandel Malbec Amarone Übersee Shiraz Banyuls
Kakaoanteil zwischen 70% und 90%	opulente angereicherte Weine	Banyuls Madeira Malmsey Port

Kommunikative Weinkompetenz

Die nächsten Abschnitte machen Sie fit für die Weinkommunikation. Zuerst geht es um die derzeit angesagtesten Themen in der Welt des Weines. Kurze, präzise Formulierungen helfen Ihnen, eine persönliche Position einzunehmen und in Diskussionen immer eine gute Figur zu machen! Danach mache ich Sie mit den verbreitetsten Weinirrtümern und Legenden vertraut. Nicht wenige wirken nur deshalb wie unumstößliche Wahrheiten, weil sie immer und überall von jedermann wiederholt werden. Im anschließenden Abschnitt, mit einem Augenzwinkern mit der Überschrift »Angeberwissen entlarven« betitelt, geht es um Signalbegriffe, mit denen manche immer wieder versuchen, zu punkten und andere zu beeindrucken. Abgerundet wird dieses Kapitel mit einer Zusammenstellung verblüffender Kuriositäten und Superlativen aus der Welt des Weines – nichts wirklich Essentielles, aber »nice to know«.

10. Themen, über die man spricht

Terroirwein

Terroirweine sind Weine mit deutlichem Herkunftscharakter, also echte Raritäten im Meer sauber vinifizierter, aber heimat- und identitätsloser Weltweine. Ein Wein ist allerdings noch längst kein Terroirwein, bloß weil er eine rauchige Schiefer- oder eine salzige Kalknote aufweist. Für einen echten Terroirwein braucht es einen markanten Weinberg und einen Winzer, der das einmalige Zusammenspiel von Klima, Geographie, Geologie und Rebstock in diesem Weinberg kennt und achtet. Außerdem muss er all seine Arbeiten in Weinberg und Keller so natürlich und schonend gestalten, dass das Terroir als komplexe Gesamtheit der lokalen Entstehungsbedingungen im Wein authentisch zum Ausdruck kommen kann (zum Begriff Authentizität siehe Seite 63).

Biowein

Weltweit sind immer mehr Winzer überzeugt, dass der ökologische Anbau die Voraussetzungen für höhere Traubenqualitäten und bessere Weine schafft. Für die Herstellung ihrer Weine nehmen diese Winzer erheblichen Mehraufwand und Risiken in Kauf. Sie sorgen im Weinberg für aktives Bodenleben und verzichten auf Kunstdünger, Herbizide und chemischen Pflanzenschutz. Mit der Zeit führt die biologische Bewirtschaftung dazu, dass die Pflanzen widerstandsfähiger werden. Der Einsatz gentechnisch veränderter Organismen ist in allen Phasen der Bioweinherstellung verboten. Auch im Keller gilt die Devise, dass Biowein möglichst natürlich erzeugt werden soll. Nach jahrelangen Verhandlungen sind im Jahr 2012 hierzu endlich EU-weite Gesetze erlassen worden. Zum Stabilisieren, Schönen oder Klären der Weine dürfen weder Gelatine noch Rinderblut, Metaweinsäure oder andere umstrittene Mittel eingesetzt werden. Die Verfahren der Umkehrosmose (entzieht dem Most Wasser) oder Kryoextraktion (Weinkonzentrat aus künstlich gefrorenen Trauben) sind ebenfalls nicht erlaubt. Und die Schwefelgaben liegen im Schnitt 50 Prozent unter den allgemein gültigen Richtlinien.

Dennoch gehen die Anforderungen, die an Bioweine gestellt werden, vielen noch immer nicht weit genug. Kein Wunder, denn die gesetzlichen Bestimmungen sind als Kompromiss aus langen Verhandlungsprozessen hervorgegangen. Das hält ambitionierte Produzenten natürlich nicht davon ab, strengere Maßstäbe an die eigene Arbeit zu legen, und so gibt es im Bioweinbau (nicht anders als im konventionellen Weinbau) ein Qualitätsgefälle: sensationelle Qualitäten in der Spitze, viel Mittelmaß in der Breite. Und übrigens: Billig können Bioweine nicht sein, aber sie sollten stets ihren Preis wert sein.

Naturweine oder »Orange wines«

Noch einen Schritt weiter als Biowinzer geht eine – keineswegs homogene – Gruppe von Produzenten, die sich unter dem Label »Naturwein-Winzer« zusammengefunden hat. Neben dem Verzicht auf Chemie im Weinberg und die schonende Behandlung von Trauben und Most lautet ihr Credo: ausschließlich Spontangärung, Minimierung von oder sogar völliger Verzicht auf Schwefel und der Einsatz unkonventioneller Gärbehälter (Amphoren, eiförmige Betontanks). Ihre Weißweine vergären sie – ganz im Gegensatz zur konventionellen Technik – auf der Maische und nehmen dabei bewusst in Kauf, dass Sauerstoff an den werdenden Wein kommt. Durch den langen Kontakt des Saftes mit den Traubenschalen wird ein mehr oder weniger hohes Maß an Tanninen, Farb- und Geschmacksstoffen übertragen und ergibt eine für Weißweine völlig ungewöhnliche optische Performance. Sie werden deshalb auch als »Orange wines« bezeichnet. Auch der Geschmack dieser Weine ist provozierend anders. Die vordergründige Fruchtigkeit, die die Masse der glattgebügelten Mainstreamprodukte charakterisiert, sucht man in ihnen vergeblich. Stattdessen trifft man auf oxidative, erdige und bittere Noten (Nüsse, Trockenfrüchte und Gewürze statt Apfel und Pfirsich), selbst der herzhafte Umami-Geschmack (Glutaminsäure) taucht gelegentlich auf.

Die Idee, die sich hinter dem Projekt der Naturweine verbirgt, lässt sich vielleicht am besten als kontrollierter Rückzug des Menschen aus der Weinwerdung beschreiben, als ein Ausloten der Möglichkeiten des Verzichts. Das ist ein radikaler Gegenentwurf zur immer weiter fortschreitenden Industrialisierung der Weinproduktion. Ihr Verdienst liegt damit vor allem im Aufzeigen von Alternativen. Ob die Bewegung sich in dieser Radikalität auf Dauer etablieren kann, darf zumindest zum jetzigen Zeitpunkt bezweifelt werden.

Spontiwein

»Spontiweine« sind Weine, die nicht mit in Labors gezüchteten Reinzuchthefen, sondern mittels wilder Hefen beziehungsweise Umgebungshefen vergoren werden. Letztere befinden sich als für unser Auge unsichtbare Mikroorganismen sowohl im Weinberg als auch im Keller des Winzers. Wird der Prozess der alkoholischen Gärung durch sie in Gang gesetzt, verläuft er unberechenbarer und langwieriger. Wenn alles gut geht, entstehen jedoch vielschichtigere Weine mit einem aromatischen Profil, das weniger »fruchtig« ausfällt als bei der Vergärung mit Reinzuchthefen. Ihre geschmackliche Intensität übertrifft bei weitem ihren

Duft, am Gaumen vermitteln sie ein cremig-weiches, ungemein harmonisches Mundgefühl. Spontan vergorene Weißweine reifen in der Regel besser und konstanter als ihre reinzüchtigen Gegenspieler, im Glas sind sie deutlich sauerstoffstabiler und machen deshalb meist eine bessere Figur, wenn sie vor dem Trinkgenuss karaffiert werden.

Weinlagerung

Das Thema »Weinlagerung« wird oft sehr emotional diskutiert, denn in manchen Kellern lagern regelrechte »Schätze«. Daher ist auch viel Herzblut im Spiel, und so besteht schon mal die Gefahr, die falschen Fragen zu stellen oder unsensible Bemerkungen zu machen. Denn längst nicht jeder, der Wein lagert, verfügt auch über die passenden Bedingungen – und Wein zählt nun mal zu den verderblichen Lebensmitteln. Wenn Sie wissen, welche Lagerbedingungen optimal wären, um einen Weinkeller zu unterhalten, kennen Sie zugleich die wunden Punkte all jener, die Weine unter weniger idealen Bedingungen lagern. Hier die wichtigsten Punkte:

1. Die Temperatur sollte zwischen 11 bis 14° C liegen.
2. Es sollten keine größeren Temperaturschwankungen vorkommen. Bei einer Temperaturerhöhung von 10° C verdoppelt sich die Geschwindigkeit aller biochemischen Vorgänge im Wein.
3. Die Luftfeuchtigkeit sollte bei über 70 Prozent liegen, damit der Korken nicht austrocknet. Ausgetrocknete Korken verlieren ihre Elastizität und damit ihre Dichtheit: Wein kann aus- und Sauerstoff eintreten. Neuere Forschungen haben erwiesen, dass man ei-

nen Wein nicht unbedingt liegend lagern muss, um das Austrocknen des Korkens zu verhindern – die Luftfeuchtigkeit im Raum ist viel wichtiger.

4. Der Wein sollte vibrationsfrei und geruchsneutral gelagert werden.
5. Der Lagerraum sollte dunkel sein. Licht fördert die Reifung und den langsamen Zerfall.

Wer Wein lagern will, aber keinen geeigneten Keller zur Verfügung hat, kann auf folgende, allerdings recht kostspielige Alternativen ausweichen:

Ein Weinklimaschrank ist für all jene empfehlenswert, die jederzeit über ihre Weine verfügen wollen. Bei einer Lagerkapazität von hundert Flaschen liegt die Investitionssumme bei rund 1 000 Euro plus laufende Stromkosten.

Wer auf Spontaneität verzichten kann und bereit ist, seinen Konsum vorauszuplanen, kann eine Lagerfläche in einem öffentlichen Weinkeller mieten.

Wenn auch das nicht für Sie infrage kommt, dann bleibt Ihnen der Trost, hin und wieder einen gut gelagerten, gereiften Wein bei einem seriösen Händler oder Auktionator erstehen zu können. Das ist nicht ganz ohne Risiko, aber sicher weniger riskant als die Lagerung unter ungünstigen Bedingungen.

Magnumflaschen

Diese Flaschengröße enthält 1,5 Liter, also den Inhalt von zwei Normalflaschen, und gilt gemeinhin als ideale Größe für die Flaschenalterung von feinem Wein: Eine Magnumflasche ist groß genug, den Alterungsprozess zu verlangsamen, aber noch nicht zu groß, um unhandlich und übermäßig teuer zu sein. Verantwortlich für das Reifeplus ist das bessere Verhältnis der Flüssigkeit zum Luftsauerstoff zwischen Korken und Flüssigkeitsspiegel. Vor allem wegen des besseren Reifeverhaltens sind einige Weine in Magnumflaschen gefragter als in der Normalflasche. Bei Versteigerungen oder einschlägigen Angeboten im Handel liegen die Magnum-Preise darum oft deutlich höher. Magnumflaschen sind Klassiker für Liebhaber, aber immer auch echte Hingucker bei Firmenveranstaltungen und Jubiläen – und immer ein exquisites Geschenk.

11. Irrtümer, Märchen und Legenden

»Wein muss in der Flasche atmen können!«

Diese irrige Annahme ist weit verbreitet und wird in Diskussionen zum Thema Weinverschlüsse gerne zur Rechtfertigung des Naturkorkens angeführt. Wein kann jedoch nicht durch den Korken atmen, weil ein guter, intakter Korken luftundurchlässig ist. Die Luft zwischen Füllstand und Verschluss reicht einem Wein zur Entwicklung. Könnte er durch den Korken »atmen«, dann würde er in der Flasche oxidieren. Das beweisen nicht zuletzt Weine, die man in alten Schiffwracks gefunden hat und so gut wie immer noch nahezu perfekt waren.

»Naturkork ist der beste Weinverschluss!«

Als natürliches Material und nachwachsender Rohstoff ist Naturkork absolut faszinierend, aber längst nicht perfekt. Es hat lange gedauert, bis Wissenschaftler den komplizierten chemisch-biologischen Vorgängen des als »Korkschmecker« (TCA) bezeichneten Fehltons auf die Schliche kamen. Und obwohl nun bekannt ist, dass die Prozesse der Lagerung und Reinigung als hauptsächliche Fehlerquellen infrage kommen, liegen die Fehlerquoten noch immer bei fünf bis zehn Prozent.

Und die Alternativen? Plastikkorken sind jedenfalls keine, denn die Weichmacher, die ihre Elastizität garantieren sollen, atmen Chemie in den Wein. Ebenso wenig akzeptabel sind Presskorken aus verklebten Korkresten, weil der Wein früher oder später Klebstoffgeschmack annimmt. Glasstopfen sehen gut aus, sind aber teuer und der abdichtende Silikonring markiert eine Schwachstelle. DIAM-Korken werden aktuell als natürliche Alternative zum Naturkork gehandelt. Sie werden ohne den Einsatz von Klebstoff aus aufwendig gereinigtem Naturkork produziert und sind definitiv frei von Korkschmecker. Seit langem bewährt hat sich auch der Schraubverschluss. Langzeitstudien attestieren erstklassige Werte und zeigen, dass sich die Weine selbst nach mehreren Jahren Flaschenlagerung noch immer frisch und aromatisch präsentieren. Noch hat er allerdings mit dem Nachteil zu kämpfen, dass er die Emotionen mancher Weinliebhaber nicht annähernd so gut bedienen kann wie Naturkorken.

»Wein wird mit zunehmendem Alter besser!«

Es ist ein großer Irrtum zu glauben, dass Weine mit zunehmender Flaschenreife besser werden. Die Masse der heute weltweit erzeugten Produkte sollte jung, am besten in den ersten ein bis zwei Jahren getrunken werden. Sonst geht verloren, was alle an ihnen so schätzen: erfrischende Lebendigkeit, jugendlicher Charme und Fruchtigkeit. Alterungsfähigkeit ist das Privileg einer kleinen Minderheit. Diese Weine bewahren lange die Merkmale der Jugend und benötigen nicht selten eine gewisse Reifezeit in der Flasche, bevor sie ihre »pubertäre« Art verlieren und sich allmählich verfeinern. Hüten Sie sich jedoch vor Kaufempfehlungen mit der Begründung »Was in der Jugend nicht schmeckt, braucht nur Zeit«. Das ist Unsinn! Schmeckt ein Wein nicht, wenn er jung ist, dann schmeckt er auch im Alter nicht. Sicher profitieren manche Gewächse von ein paar Jahren Flaschenreife, das bedeutet jedoch nicht, dass sie in jungen Jahren, wenn sie ihr Potenzial noch nicht vollends ausgeschöpft haben, nicht schon mit viel Freude zu genießen sind. Ebenso unsinnig ist die Umkehrung: »Weine, die schon jung gut schmecken, können nicht altern.«

Wann allerdings ein Wein sein geschmackliches Optimum erreicht hat, hängt nicht nur von seiner Beschaffenheit ab, sondern maßgeblich auch von Ihren Erfahrungen und Präferenzen. Was der eine als optimal reif beklatscht, beklagt der andere im Extremfall als bereits verdorben und ungenießbar. Wenn Sie nach alterungsfähigen Weinen suchen, dann halten Sie sich am besten an folgende Vertreter:

Weißweine: die Grands Crus aus Burgund und Bordeaux, Hermitage, Savennières und Vouvray sowie die besten deutschen Rieslinge

Rotweine: Bordeaux, Burgund, Rhône, Barolo, Barbaresco, Brunello di Montalcino, Rioja sowie einige singuläre Hochkaräter, die heutzutage in fast allen Weltgegenden entstehen

Süßweine: Gute Auslesen reifen über fünfzig Jahre perfekt, Trockenbeerenauslesen überstehen wie Sauternes und Tokajer ohne Mühe ein ganzes Jahrhundert. Mithalten können da nur noch Madeiras und Vintage Ports.

»Rotwein muss bei Zimmertemperatur getrunken werden!«

Das ist eine noch immer weit verbreitete Meinung, gleichwohl die Empfehlung aus einer Zeit stammt, als die Wohnräume wesentlich moderater beheizt wurden als heute. Doch bei 22° C und mehr sticht der Alkohol in die Nase, verbrennt das Aroma und vertreibt jegliche Eleganz und Trinkigkeit. Die richtige Temperatur für Rotwein liegt zwischen 14 und 18 Grad, die tanninbetonten etwas wärmer, die tanninarmen etwas kühler. Bitten Sie das Servicepersonal, die Flasche für ein paar Minuten ins Eisfach zu legen oder werfen Sie im Zweifelsfall einen Eiswürfel ins Glas und fischen Sie ihn nach zwanzig Sekunden mit dem Suppenlöffel wieder heraus. Lassen Sie sich dabei von niemandem aus der Ruhe bringen – sondern vertrauen Sie darauf, dass er Ihnen dann deutlich besser schmeckt.

»Transportkosten machen Überseeweine teuer!«

Die moderne Logistik über den Seeweg macht es möglich, dass die Transportkosten pro Flasche von Australien oder Südafrika nach Deutschland mitunter geringer ausfallen als die für eine Lieferung aus Frankreich oder Spanien.

»Enthält Sulfite – das kann nichts Gutes bedeuten!«

Seit Ende des Jahres 2005 müssen Weine den Hinweis »enthält Sulfite« oder »Sulfur added« auf dem Weinetikett führen, wenn der Grenzwert von 10 mg/l überschritten wird. Gemeint ist damit Schwefeldioxid, ein Konservierungsmittel, das auch zum Frischhalten anderer Nahrungsmittel eingesetzt wird. In kleinen Mengen gehört es zu den Stoffwechselprodukten der Hefe während der Gärung, weshalb es von Natur aus unmöglich ist, völlig schwefelfreien Wein zu produzieren. Versuche, Wein ohne den Zusatz von Schwefel herzustellen, können durchaus erfolgreich sein, wenn die mikrobiologische Stabilität des Weines das erlaubt. Wenn nicht, präsentieren sich solche Weine sehr oxidationsanfällig; das heißt, sie verändern bereits kurze Zeit nach dem Öffnen Farbe und Geschmack nachteilig und zeigen unangenehme Gerüche, die auf wilde Hefen und Bakterien zurückzuführen sind. Umgekehrt erhält eine geringe Menge Schwefel die Fruchtigkeit und Frische eines Weines. Auch Öko-Winzer verzichten in der Regel nicht auf den Einsatz von Schwefel.

»Verschnittweine sind minderwertig!«

Viele große Weine der Welt sind Verschnitte aus unterschiedlichen Rebsorten: Champagner, roter und weißer Bordeaux, Châteauneuf-du-Pape, Rioja, Chianti Classico, Amarone und viele mehr. Bei diesen Weinen kommen Rebsorten zum Einsatz, die als Teamplayer eine gute Figur machen, als Solist hingegen weniger. Speziell in den deutschsprachigen Regionen, aber auch in weiten Teilen der Neuen Welt finden sich allerdings Rebsorten, die nur dann zur Hochform auflaufen, wenn sie die ungeteilte Aufmerksamkeit genießen.

»Rotwein muss man zwei bis drei Stunden vor dem Trinkgenuss öffnen!«

Das Gros der heute angebotenen Rotweine kommt trinkfertig in den Handel und bedarf keinerlei Zusatzbehandlung. Nur junger Rotwein, der noch nicht seine optimale Reife erreicht hat, profitiert vom Sauerstoffkontakt – aber nur dann, wenn er in eine Karaffe umgefüllt wird. Das Öffnen der Flasche allein bringt rein gar nichts. Vom Dekantieren alter Rotweine ist generell abzuraten, es sei denn, sie haben Depot gebildet. Das Umfüllen sollte dann aber erst kurz vor dem Trinkgenuss erfolgen.

»Trockene Weine sind besser als süße!«

Ob ein Wein trocken oder süß ist, hat nichts mit seiner Qualität zu tun. Weil es aber im Nachkriegsdeutschland mal eine Zeit gab, in der massenhaft banale Süßweine produziert wurden, ist hierzulande das Image dieser Spezies beschädigt. Die Nachwehen dieser Zeit sind noch immer spürbar, doch ganz allmählich entwickeln die Deutschen ein entspannteres Verhältnis den Süßweinen gegenüber; auch die edlen Vertreter von Rhein und Mosel erfahren die ihnen gebührende Wertschätzung.

»Spätlesen sind süß!«

Im deutschen Weinrecht und in der Klassifizierung der hierzulande produzierten Weine repräsentiert die Bezeichnung »Spätlese« einen Weintyp, der auf der Basis von reifen Trauben entsteht, die über ein Mostgewicht zwischen 76 und 90 Grad Öchsle verfügen müssen. Das Mostgewicht misst aber lediglich die Süße des Mostes. Ob daraus ein trockener oder süßer Wein hervorgeht, entscheidet der Gärverlauf, mithin also der Kellermeister. Nur dann, wenn nicht alle Süße zu Alkohol vergoren wird, erhält man eine süße Spätlese. Im Normalfall gelingt es den Hefen jedoch, allen Zucker zu Alkohol zu vergären, und es entsteht eine durchgegorene, das heißt trockene Spätlese. Das kam im vergangenen Jahrhundert eher selten vor, doch mittlerweile ist der Anteil der trockenen Vertreter deutlich gewachsen. Auf dem Etikett können Sie leicht erkennen, ob es sich um eine trockene oder süße Spätlese handelt: Die Angabe »trocken« steht immer direkt im Anschluss an »Spätlese« – wenn nicht, ist er süß.

»Chablis ist eine Rebsorte!«

Chablis ist nicht der Name einer Rebsorte, sondern der einer französischen Stadt. Ein Wein, der sich Chablis nennen darf, kommt aus der gleichnamigen Appellation, also einem geographisch fest umrissenen Gebiet um die Stadt Chablis, und muss nach gesetzlich bestimmten Verfahren produziert werden. Es ist auch festgelegt, welche Rebsorte verwendet werden muss: Chardonnay, und das zu 100 Prozent!

»Dunkle Rotweine sind die besten Rotweine!«
Farbe und Farbdichte bieten mitnichten zuverlässige Hinweise auf die Qualität. Im Vergleich zu Cabernet und Syrah besitzen Spätburgunder eine helle, recht transparente Farbe, aber ihre Qualität steht den dunkleren Vertretern in nichts nach. Stilistisch gesehen sind dunkle Rotweine in der Regel kraftvoller und tanninbetonter als hellere Vertreter. Aber auch diese Regel kennt Ausnahmen, zum Beispiel Barolo und Barbaresco aus der Rebsorte Nebbiolo. Beide sind hell, aber ungeheuer kraftvoll und tanninbetont. Weil jedoch viele Menschen die dunklen Rotweine favorisieren, kommt so mancher Kellermeister in Versuchung, die Farbe seiner Weine zu manipulieren.

12. Angeberwissen entlarven

Dieser Abschnitt macht Sie mit Weinwissen zum Angeben vertraut. Denn es gibt haufenweise Namen, Bezeichnungen und Abkürzungen, die immer wieder gerne von Wichtigtuern selbstbewusst in den Raum geworfen werden – nicht zuletzt deshalb, weil Sie davon ausgehen, dass niemand weiß, wovon die Rede ist. Mit den nachfolgenden Informationen können Sie so manchen Angeber beeindrucken oder gar richtigstellen.

Legendäre Berühmtheiten

Dom Perignon
Der Benediktinermönch gilt als Erfinder des Champagners, obwohl er nachweislich mit nichts mehr beschäftigt war, als die zu seiner Zeit häufig auftretende

Nachgärung in der Flasche zu verhindern. Das Champagnerhaus Moët & Chandon erwarb im Jahr 1937 den Markennamen Dom Perignon und nutzt ihn seither für seine Prestige-Cuvée, ein Luxusprodukt der Spitzenklasse.

Lafite-Rothschild
Das Premier-Cru-Weingut im Médoc (Bordeaux) bringt einen der weltweit gesuchtesten und teuersten Rotweine hervor. Hier werden seit nunmehr fast 250 Jahren Weine für Millionäre mit Geschmack gekeltert.

Michel Rolland
Der vielleicht berühmteste Weinberater der Welt mit einer Vorliebe für außerordentlich reife, dunkle und geschmeidige Rotweine. Sein Wirken hat vor allem die Stilistik vieler Bordeauxweine nachhaltig beeinflusst. Zu seinen Klienten zählen unter anderem: L'Angelus, Clinet, La Dominique, L'Évangile, Pavie, Pavie-Macquin und Troplong-Mondot. In Italien berät er Ornellaia, in Spanien Marqués de Cáceres, in Argentinien Trapiche und in Chile Casa Lapostolle.

Robert Parker
Der weltweit einflussreichste Weinkritiker hat mit leicht verständlichen Weinbeschreibungen und einem noch leichter nachvollziehbaren Bewertungssystem (100-Punkte-System) den Markt für Weinkritik revolutioniert und den britischen Weinpäpsten seit etwa Mitte der 1980er Jahre das Fürchten gelehrt. Wie weit sein Einfluss reicht, lässt sich an der an viele Weingüter adressierten Kritik ermessen, sie richteten den Stil

ihrer Weine bewusst an hohen »Parker-Bewertungen« aus. Hugh Johnson sprach gar einmal vom »dictator of taste«.

Romanée-Conti
Die Domaine de la Romanée-Conti (DRC) ist das wahrscheinlich prestigeträchtigste Weingut der Welt mit Sitz in Vosne-Romanée, einer Gemeinde im französischen Weinbaugebiet Burgund. Neben einem exzellenten Weißwein (Le Montrachet) entstehen hier sechs herausragende Rotweine: Romanée-Conti, La Tache, Richebourg, Romanée-Saint-Vivant, Échézeaux und Grand Échézeaux, die alle sehr begehrt und nur zu Höchstpreisen zu haben sind.

Und immer wieder Französisch

Barrique
Ein meist 225 Liter kleines Eichenholzfass, das für den Ausbau hochwertiger Rotweine und die Fermentation einiger weniger Weißweine eingesetzt wird. Die Herkunft des Holzes ist dabei ebenso wichtig wie sein Toastungsgrad.

Batonnage
Wenn ein Wein nach dem Ende der alkoholischen Gärung länger auf der Hefe (»sur lie«) gelagert wird, wird diese in vielen Fällen periodisch aufgerührt, um die positive Wirkung der Hefe zu intensivieren und den Wein cremiger zu machen. Das Aufrühren wird in Frankreich als »batonnage« bezeichnet.

Cuvée

Eine Cuvée ist ein Verschnitt mehrerer Grundweine aus verschiedenen Rebsorten oder Weinbergen.

Perlage

Die Perlenbildung beim Schaumwein; sie beginnt immer dann, wenn beim Öffnen der Flasche der Druck sinkt und das in der Flüssigkeit gelöste Kohlendioxid frei wird – vorausgesetzt es findet einen sogenannten Moussierpunkt, eine winzige aufgeraute Stelle in einem Schaumweinglas (meist am Kelchboden), an der sich das gelöste Kohlendioxid leichter zu einer Blase entwickeln kann und dann aufperlt oder moussiert.

sur lie

»Sur lie« bedeutet »auf der Hefe«; dieser Ausdruck wird meist verwendet, wenn Weißweine nach dem Ende der Gärung eine gewisse Zeitspanne auf der Hefe liegen bleiben.

Vieilles vignes

Eine gesetzlich nicht geschützte Bezeichnung auf Flaschenetiketten für »alte Reben«; alte Reben ergeben in der Regel höhere Trauben- und Weinqualitäten als junge.

Berühmte »B« aus Italien

Barbaresco

Barbaresco ist ein kraftvoller, tanninbetonter piemontesischer Rotwein aus der Rebsorte Nebbiolo, der in der Gegend um das Dorf Barbaresco entsteht.

Barbera
Das ist der Name einer piemontesischen Rebsorte, der vor allem in den Regionen um die Städte Alba und Asti kraftvolle Rotweine ergibt.

Bardolino
Dieser leichte bis mittelschwere Rotwein stammt vom Gardasee und wird in den Weinbergen der gleichnamigen Ortschaft aus den Rebsorten Corvina, Rondinella und Molinara gekeltert.

Barolo
Ein kraftvoller, tanninbetonter und ungemein prestigeträchtiger piemontesischer Rotwein aus der Rebsorte Nebbiolo, der in der Gegend um das Dorf Barolo entsteht.

Bolgheri
In diesem toskanischen DOC-Gebiet entstehen vor allem Rotweine aus internationalen Rebsorten (Cabernet Sauvignon, Merlot). Es ist auch die Heimat zweier Rotweinberühmtheiten aus dem Hause Antinori: Sassicaia und Ornellaia.

Brunello di Montalcino
Dies ist neben dem Barolo der prestigeträchtigste italienische Rotwein, der in der südlichen Toskana aus einem besonders hochwertigen Klon der Rebsorte Sangiovese gekeltert wird.

Ausbruch
Süßweinspezialität von Rust am Neusiedlersee (Österreich) auf der Basis angetrockneter und edelfauler Trauben.

DAC
Diese Abkürzung steht für »Districtus Austriae Controllatus« und beschreibt die kontrollierte Herkunftsbezeichnung aus Österreich. Es handelt sich um ein Vermarktungskonzept, das Herkunft und Rebsorte so miteinander verknüpft, dass klar definierte Geschmacksprofile entstehen. Damit hat sich Österreich in die Bezeichnungssystematik der romanischen Weinbauländer eingereiht.

Federspiel
Diesen Begriff aus der Falkenjagd haben die Wachauer Winzer ihren Weinen mit einem Alkoholgehalt zwischen 11,5 und 12,5 Volumenprozent gegeben; es handelt sich um klassisch trockene Weine mit mittlerem Körper, aber gehaltvoll genug, um als Speisenbegleiter eine gute Figur zu machen.

Smaragd
Die Bezeichnung für die mächtigsten und konzentriertesten Weine der Wachau; der Begriff verweist auf die Smaragdeidechsen, die sich in den warmen Wachauer Weinbergterrassen besonders wohlfühlen.

Steinfeder
Bezeichnung für den »leichtesten« der Wachauer Spitzenweine; der Name kommt vom Steinfedergras, das in unmittelbarer Nachbarschaft zu den Reben auf den Terrassen der Wachauer Weinberge wächst und in seiner Art ebenso federleicht und duftig ist wie der namensgleiche Wein.

Abkürzungen

BSA
Steht für »Biologischen Säureabbau«, bei dem die strenge Apfelsäure in die mildere Milchsäure umgewandelt wird, was vor allem Rotweine samtiger macht.

BYO
»Bring Your Own« bezieht sich auf Restaurants, die das Mitbringen eigenen Weines gegen die Entrichtung von Korkgeld erlauben.

MW
Der »Master of Wine« ist die berühmteste und anspruchsvollste Qualifikation in der Weinbranche und hat sich mittlerweile in der ganzen Welt als Standard durchgesetzt.

PX
Pedro Ximénez ist eine vor allem in Andalusien verbreitete weiße Rebsorte, wo sie hauptsächlich für die Herstellung von Süßweinen verwendet wird.

TBA
Trockenbeerenauslese ist die Bezeichnung für besondere Süßweine aus Deutschland und Österreich. Die Trauben, die dafür verwendet werden, müssen am Stock vom Botrytis-Pilz befallen werden und in der Folge stark einschrumpfen, bevor sie mit einem sehr hohen Zuckergehalt geerntet werden.

TCA
Trichloranisol ist eine unangenehm schimmelig riechende Verbindung, die sich unter Einwirkung von Chlor in Korken bilden kann.

VDP
Der »Verband Deutscher Prädikatsweingüter e.V.« ist ein Zusammenschluss deutscher Weingüter. Die Ziele des VDP sind unter anderem Förderung des Qualitätsstrebens, Regelung der Verkaufsbedingungen und Vertretungsanspruch der Mitglieder gegenüber anderen Verbänden. Die über 200 Mitgliedsbetriebe verstehen sich als Elite der deutschen Weinerzeuger.

13. Nice to know

In diesem kleinen Kapitel steckt kein Weinwissen, das für Beruf und Alltag von praktischer Bedeutung wäre – die folgenden Punkte fallen eher in die Kategorie »nice to know«. Wussten Sie schon:

- In Deutschland werden 48 Prozent aller Weine bei den Discountern eingekauft.
- Weltweit gibt es mehr als 10 000 verschiedene Reb-

sorten. Auf die weiße Sorte Airén aus Spanien entfällt die größte Rebfläche.

- Spanien hat weltweit die größte Rebfläche, gefolgt von Frankreich und Italien.
- Die älteste vollständig gefüllte Weinflasche Deutschlands stammt aus dem Jahr 1678.
- Der höchste Weinberg der Welt befindet sich in Ecuador auf einer Höhe von 2700 Metern.
- Der steilste Weinberg der Welt ist der Bremmer Calmont an der Mosel mit einer Hangneigung von knapp 70 Grad.
- Ein Wein darf sich nur dann »Eiswein« nennen, wenn seine Trauben bei mindestens minus 7° C geerntet wurden.
- Die »Liebfrauenmilch« ist die erfolgreichste deutsche Weinmarke im Ausland.
- Montepulciano ist sowohl der Name einer Stadt in der Toskana als auch der einer Rebsorte in der italienischen Region Abruzzen.
- Recioto ist eine besondere Kategorie italienischer Süßweine aus getrockneten Trauben.
- Rivaner und Müller-Thurgau sind unterschiedliche Namen derselben Rebsorte.
- Auch Grauburgunder, Pinot Grigio und Pinot Gris bezeichnen ein und dieselbe Rebsorte.
- Der ungarische Tokajer ist ein faszinierender Süßwein aus überwiegend edelfaulen Trauben.
- Der erste schäumende Champagner wurde in England hergestellt.
- Die piemontesische Rebsorte Pelaverga bringt Weine mit einem einzigartigen Pfefferton hervor.
- Die Reblaus hat Ende des 19. Jahrhunderts mehr als 90 Prozent der weltweiten Rebfläche vernichtet.

- Hugh Johnson, der erfolgreichste Weinbuchautor der Welt, ist ein Gegner der Bewertung von Wein mit Punkten.
- Auch in China, Indien, Thailand, Brasilien und Uruguay entstehen gute und angenehm trinkbare Weine.
- Weltweit gibt es nur drei Weingüter, deren Weine noch heute nahezu lückenlos bis ins 18. Jahrhundert zurückverkostet werden können: d'Yquem (Bordeaux), Lafite-Rothschild (Bordeaux) und Schloss Johannisberg (Rheingau).
- »Le Montrachet« im Burgund ist der Weinberg mit dem weltweit höchsten Quadratmeterpreis von rund 10 000 Euro.

Wein lieben lernen

Sie haben nun die Voraussetzungen geschaffen, um in Ihrem Businessalltag im Umgang mit Wein eine gute Figur zu machen. Vielleicht haben Sie Interesse, diese Basis weiter auszubauen? Vielleicht wurde in Ihnen sogar die Liebe zum Wein geweckt? Das würde mich freuen. In diesem Fall bin ich mir sicher, dass Sie fortan von einer immensen Neugierde angetrieben werden, immer mehr Weine zu probieren, Weinbaugebiete zu bereisen, Meinungen mit Gleichgesinnten auszutauschen, und von dem Wunsch, allmählich ein immer tieferes Verständnis für Wein zu erlangen.

Die Vielfalt und Unübersichtlichkeit der verfügbaren Angebote ist jedoch groß und selbst intensivste Beschäftigung macht natürlich nicht allwissend. Auch Profis müssen das akzeptieren. Deshalb sollten auch Sie in aller Gelassenheit damit leben, die Welt der Weine niemals vollständig in all ihrem Facettenreichtum zu überblicken und zu verstehen. Vielleicht geht es Ihnen wie mir: Je mehr Erfahrungen ich sammelte und je größer mein Horizont wurde, desto weiter blickte ich, und das Ziel in so weiter Ferne zu wissen, lehrte mich, bereits den Weg zu genießen und mich an dem, was mir begegnete, zu erfreuen.

Ich möchte Ihnen im Folgenden einige hilfreiche Anregungen geben, Einsichten, die ich auf meinem eigenen Weg gewonnen habe. Meine wichtigste Erfahrung besteht darin, dass nichts auch nur annähernd so lehrreich ist wie das wiederholte und stets aufmerksame Verkosten. Probieren und immer wieder probieren, heißt deshalb die Devise. Vergleichen Sie und finden Sie heraus, was Sie mögen und was Sie nicht mögen. Und versuchen Sie dabei konkret zu sagen, warum Sie den einen Wein sympathisch finden, den anderen hingegen nicht. Sehr hilfreich ist es, wenn Sie sowohl Ihre persönlichen Eindrücke als auch die wichtigsten Etiketteninformationen in einem eigens zu diesem Zweck angelegten Heft festhalten.

Viele Menschen verspüren früher oder später die Motivation, mehr lernen zu wollen, als allein durch Trinken möglich ist. Dann ist der Zeitpunkt gekommen, ein Buch in die Hand zu nehmen oder ein Weinseminar zu besuchen. Nun haben Sie ein Grundverständnis für Wein entwickelt und so viele Anker gesetzt, dass Sie die Flut der Informationen, die Ihnen in Büchern und Seminaren begegnet, verstehen und verdauen können. Selbstverständlich können Sie die unterschiedlichen Lernangebote auch parallel in Anspruch nehmen, also zu Hause verkosten, ein Weinbuch lesen und ab und an ein Weinseminar besuchen. Das nächste Kapitel hilft Ihnen dabei, sich aus dem Meer der Angebote die nützlichsten und qualifiziertesten herauszupicken.

Der große Vorteil von Weinseminaren gegenüber der Buchlektüre besteht vor allem im Erlebnischarakter. Man geht außer Haus, trifft auf Gleichgesinnte, kann sich von den Ausführungen des Kursleiters inspirieren lassen, kann Fragen stellen, diskutieren und natürlich gemeinsam Wein verkosten. Und wenn Sie Glück haben, finden Sie ein Kursangebot, das haargenau auf Ihre Interessen zugeschnitten ist: eine reine Anfängerveranstaltung oder einen Weinsensorik-Workshop, ein Rot- oder ein Weißweinseminar, einen Kurs zu Ihrer Lieblingsrebsorte oder über ein Anbaugebiet, das Sie in Ihrem nächsten Urlaub bereisen wollen.

14. Unterrichten Sie sich selbst!

Sie können sich auch für einen systematischen Weg mit Tiefenwirkung entscheiden: für ein Selbstlernprogramm. Zwei unterschiedliche Vorgehensweisen haben sich bewährt, wobei eine so gut ist wie die andere – entscheiden Sie sich einfach für die Variante, die Ihnen sympathischer ist. Vielleicht testen Sie den alternativen Weg zu einem späteren Zeitpunkt.

Themen-Tastings

Wenn Sie einen erfahrenen, gut sortierten und vertrauenswürdigen Weinhändler kennen, bitten Sie ihn, Ihnen eine oder mehrere 12er-Kisten mit ausgewählten Weinen zusammenzustellen. Für den Anfang ist es sinnvoll, mit den Klassikern zu beginnen. Wichtig ist nur, dass Ihr Weinhändler typische Vertreter findet, die den jeweiligen Weinstil authentisch repräsentieren. In der ersten Weißweinkiste wären dann wahrscheinlich die französischen Klassiker aus dem Burgund (Chablis, Meursault), der Loire (Sancerre, Vouvray), aus Bordeaux (Graves) und dem Elsass (Gewürztraminer); aus Deutschland wären sicher ein Riesling von der Mosel und einer aus dem Rheingau oder der Pfalz dabei, vielleicht auch ein Silvaner aus Franken; ein Soave aus Italien, Vinho Verde aus Portugal, aus Österreich ein Grüner Veltliner (Wachau) und aus der Schweiz ein Chasselas (Wallis). Die zweite Weißweinkiste könnte aus Überseeweinen bestehen, eine dritte aus Juwelen abseits des Mainstreams.

Auch beim Rotwein empfiehlt es sich, mit den Klassikern zu beginnen: Bordeaux, Burgund, Beaujolais und Rhône aus Frankreich, ein Rioja aus Spanien, Chianti Classico, Valpolicella und Barolo aus Italien, Merlot aus dem schweizerischen Tessin, aus Österreich ein Blaufränkisch (Burgenland), aus Deutschland ein Spätburgunder (Ahr) und aus Portugal ein Dão.

Handelt es sich bei Ihrem Händler um einen Weinenthusiasten, können Sie ihm die Auswahl ohne weitere Vorgaben überlassen. Es wird ihm eine Herzensangelegenheit sein, die schönsten Weine für Sie zu finden. Setzen Sie ihm eine preisliche Obergrenze für jede Kiste. Es müssen keineswegs die teuersten Weine sein, aber knausrig sollten Sie in diesem Falle auch nicht sein. Wenn Sie für die Flasche im Durchschnitt rund 15 Euro veranschlagen, können Sie sicher sein, dass Sie eine Zusammenstellung aussagekräftiger Vertreter erhalten. Rechnen Sie auf jeden Fall damit, dass nicht jeder Wein Sie auf den ersten Blick und beim ersten Schluck in begeisternde Verzückung versetzen wird. Manche werden Sie im Nu ins Herz schließen, doch andere werden wie eine Provokation daherkommen und Ihnen viel Toleranz abverlangen.

Jeden Abend, oder wann immer es für Sie passt, öffnen Sie eine Flasche zum Essen. Trinken Sie einen ersten Schluck noch vor dem Mahl. Notieren Sie Ihre Eindrücke zu diesem Zeitpunkt sowie die wichtigsten Informationen zum Wein (Produzent, Anbaugebiet, Jahrgang …) und den folgenden Gerichten. Dann darf sich der Wein als Speisenbegleiter bewähren. Beobachten Sie, ob er sich in dieser Rolle wohlfühlt oder ob er als Solist eine bessere Figur gemacht hat. Manche wirken als Speisenbegleiter sehr viel runder und geschmeidiger, andere verlieren an Ausstrahlung, weil das Essen ihnen den Rang abläuft. Wiederum andere erweisen sich als so dominant, dass alle Feinheiten eines Gerichts verlorengehen. Nicht schon gleich mit der ersten 12er-Kiste, aber schon sehr bald werden Sie ein Gespür entwickeln, welche Weine ihnen gefallen und welche weniger zu Ihnen und Ihren geschmacklichen Vorlieben passen. Notieren Sie alles, was Ihnen wichtig erscheint. Vielleicht entsteht dann irgendwann der Wunsch, spezielle Fragen und Aspekte vertiefen zu wollen. Wiederum kommen Fachliteratur und Seminarangebote ins Spiel. Werfen Sie hierzu einen Blick ins nächste Kapitel.

Rebsorten-Tastings

Rebsorten-Tastings markieren einen alternativen Weg, der von Anfang an eine wesentlich stärkere Fokussierung bedeutet. Suchen Sie sich eine weiße und eine rote Rebsorte aus und trinken Sie über einen bestimmten Zeitraum, sagen wir ein bis zwei Monate, nichts anderes. Wenn Ihre Wahl zum Beispiel auf Sauvignon Blanc und Syrah fällt, dann trinken Sie zuerst alle Sauvignons, die Sie bekommen können. Tauchen Sie tief ein in die geschmackliche Welt dieser Rebsorte und kosten Sie Exemplare aus Neuseeland, Norditalien, Südafrika, aus verschiedenen französischen Regionen und aus Deutschland. Schreiben Sie Ihre Eindrücke auf: Was haben die Weine gemeinsam, was unterscheidet sie?

Dann verfahren Sie genauso mit der Sorte Syrah und lernen Sie Vertreter aus Australien, Kalifornien, Argentinien, dem Rhône-Tal und aus dem Languedoc-Roussillon kennen. Wenn es beginnt, langweilig zu werden, wenn Sie bereits vom Duft und Geschmack dieser Sorten träumen, dann ist die Zeit für die nächste Paarung gekommen. Doch diese beiden Varietäten werden sich tief und dauerhaft in Ihrem geschmacklichen Gedächtnis verankern und wann immer sie Ihnen mal wieder begegnen, wissen Sie, wen Sie vor sich haben.

Sie können auch Ausschau halten nach Seminarangeboten, die ausschließlich einer einzigen Rebsorte oder dem Vergleich zweier Rebsorten gewidmet sind. Erfahrene Anbieter werden mit ihrem Informationsinput und einem interessant zusammengestellten Tasting Ihren Horizont noch einmal deutlich erweitern. Oder Sie organisieren ein Rebsorten-Tasting im Freundeskreis und teilen auf diese Weise die Kosten der Veranstaltung. Das hat nicht nur großen Unterhaltungswert, Sie können auch einander austauschen, voneinander lernen, individuelle Vorlieben und unterschiedliche Herangehensweisen bemerken und die Freude, die eine intensive Begegnung mit Wein beschert, miteinander teilen. Es wird nicht ausbleiben, dass zu einem Wein unterschiedliche, zum Teil sogar konträre Beobachtungen zum Vorschein kommen. Das ist für alle Beteiligten eine wunderbare Lehrstunde in Sachen Toleranz und Bescheidenheit.

15. Informationsquellen und Lernangebote

Wenn Sie Ihre Weinkompetenz weiterentwickeln möchten, können Sie aus einem breiten Angebot das für Sie Passende auswählen. Während Bücher die Themen meist sehr ausführlich und tiefgründig behandeln, offerieren Zeitschriften und Internetportale knappere, dafür aber tagesaktuellere Informationen.

Vor allem Publikumszeitschriften dienen mehr der Unterhaltung als dass sie ernsthafte Lernquellen darstellen. Wer seinen Informationsbedarf in lockerer Runde zusammen mit Gleichgesinnten und aufgemischt durch Praxisanteile stillen möchte, sollte sich die diversen Seminarangebote anschauen.

Bücher

Einführungen

- McCarthy, Ed/Ewing-Mulligan, Mary: *Wein für Dummies*, Weinheim 2008; umfassend und gut verständlich, eines der besten Bücher für Einsteiger
- Schuster, Michael: *Der Weinkenner*, München 2001; Michael Schuster ist einer der erfahrensten Wine-Educator Großbritanniens, sein Buch ist ebenfalls exzellent.
- Priewe, Jens: *Wein – Die neue große* Schule, München 2008; hier ist alles Wissenswerte über Wein gut erklärt.
- Staudt, Wolfgang: *50 einfache Dinge, die Sie über Wein wissen sollten*, Frankfurt 2012

Nachschlagwerke

- Robinson, Jancis: *Das Oxford Weinlexikon*, München 2007; die Referenz schlechthin!
- Hanten, Christa u.a.: *Der Brockhaus Wein*, Mannheim 2003; zum Schmökern!

Sensorik

- Basset, Gérard: *Wein mit allen Sinnen*, Niedernhausen 2001; durchdacht und ungeheuer lehrreich!

Weine der Welt

- Johnson, Hugh/Robinson, Jancis: *Der Weinatlas*, München 2014; weltumfassend und mit tollem Kartenmaterial
- Johnson, Hugh: *Der große Johnson*, München 2009; eine Referenz seit Jahrzehnten
- Dominé, André: *Wein*, Potsdam 2013; ein wertvolles Buch!
- Staudt, Wolfgang: *Die 100 besten Weine der Welt*, Frankfurt 2014

Deutsche und österreichische Weine

- Pigott, Stuart: *Wein spricht Deutsch*, Frankfurt 2007; tiefschürfend, engagiert und kritisch!
- Eichelmann, Gerhard: *Eichelmann 2015 – Deutschlands Weine*, Heidelberg 2014; ein jährlich herausgegebener Führer mit zigtausend Weinbewertungen
- Gault Millau: *WeinGuide Deutschland 2015*, München 2014; ein jährlich herausgegebener Führer mit zigtausend Weinbewertungen
- Staudt, Wolfgang: *50 deutsche Weine, die Sie kennen sollten*, Frankfurt 2010
- *Falstaff Weinguide 2014/15*: Österreich/Südtirol

Zeitschriften

Publikumszeitschriften im Weinbereich gibt es für jeden Geschmack und Geldbeutel. Deutschsprachige Printmagazine haben im vergangenen Jahrzehnt etwas an Bedeutung verloren. Nach wie vor sehr einflussreich und mit hohen Auflagen am Markt vertreten sind die führenden englischsprachigen Zeitschriften.

- *Weinwelt*: leichte Kost für Einsteiger
- *Vinum*: fundiert, mit viel Hintergrundinformationen
- *Falstaff*: Premium-Magazin aus Österreich mit Deutschlandausgabe
- *Fine*: edles Hochglanzmagazin
- *Decanter*: wichtigstes Weinmagazin Englands mit langer Tradition und berühmten Kolumnisten; verbreitet in über neunzig Ländern; eines der Referenzmagazine weltweit
- *Wine Spectator*: führendes amerikanisches Weinmagazin mit drei Millionen Lesern
- *Wine Advocate*: legendäre Zeitschrift von Robert Parker, dem Erfinder der Weinbewertung nach dem 100-Punkte-Schema; weltweite Referenz in der Weinbewertung

Onlineportale und -magazine

Im Internet finden sich zahlreiche Portale und Magazine unterschiedlichster Ausrichtung und Qualität. Diese hier sind empfehlenswert:

- wein-plus.eu: Das Portal offeriert einen Weinführer, ein Weinglossar und ein Onlinemagazin. Das Glossar bietet Erklärungen zu rund 20 000 Weinbegriffen. Daneben gibt es eine Weinsuchmaschine, einen Webkatalog sowie ein Diskussionsforum zum Thema Wein. Die Inhalte sind redaktionell von Weinprofis erstellt.
- weinkenner.de: Ein Onlineportal des Verlags Zabert Sandmann, das viel Wissenswertes aus der Weinwelt präsentiert. Die Texte sind größtenteils von Jens Priewe verfasst.

- Forschungsanstalt-Geisenheim.de: Informationen über Weinbau und Kellerwirtschaft aus wissenschaftlich fundierter Quelle
- weinreporter.net: ein unabhängiges Weinmagazin aus Hamburg mit aktuellen Nachrichten und Hintergrundberichten
- deutscheweine.de: viele Informationen rund um den deutschen Wein
- weinwissenkompakt.de: Informations- und Diskussionsportal rund um das vorliegende Buch
- wine-times.com: ein unabhängiges Internetmagazin zu den Themen Wein und Genuss des in Wien lebenden Helmut O. Knall
- jancisrobinson.com: das englischsprachige Internetportal der bekannten britischen Weinexpertin Jancis Robinson mit Hintergrundberichten und Verkostungsnotizen
- winefolly.com: niedrigschwelliges, lehrreiches Portal aus Seattle
- wineloverspage.com: das weltweit populärste Online-Weinportal
- wine-searcher.com: internationale Weinsuchmaschine

Einkaufsquellen

Wer kennt das nicht: Sie hören oder lesen von einem Wein, Ihre Neugierde ist geweckt, doch kein Supermarkt und auch kein ortsansässiger Weinhändler haben ihn gelistet. Das ist völlig normal, denn nicht jeder Händler kann jeden Wein, über den irgendwo gesprochen wird, im Sortiment haben. Fachhändler bieten Ihnen dafür ganz andere Vorteile: einfühlsame Beratungsleistungen, Sie können geöffnete Flaschen probieren, dabei fachsimpeln und ihre Eindrücke mit anderen Kunden austauschen. Immer mehr Fachhändler bieten darüber hinaus Verkostungsabende, manche sogar kleine Weinseminare an. Mit etwas Glück finden Sie in Ihrer Nähe einen Händler, zu dem Sie mit der Zeit ein vertrauensvolles Verhältnis aufbauen und immer wieder interessante Neuentdeckungen machen können.

Der Versand- und Internethandel offeriert die zweifellos müheloseste Art der Weinbeschaffung. Dabei ist die Auswahl oft um ein Vielfaches größer als beim Fachhändler vor Ort. Man kann in aller Ruhe die Preise vergleichen, Bewertungen von Experten heranziehen und schließlich auswählen. Ein paar Tage später steht das Weinpaket vor der Tür. Aus dem großen Angebot habe ich für Sie einen breit aufgestellten Versandhändler ausgewählt, der für Sie ein qualitativ hochwertiges Sortiment bereithält:

Lobenbergs Gute Weine, www.gute-weine.de,
gute-weine@gute-weine.de

Lernumgebungen – woran Sie seriöse Angebote erkennen

Mehr über Wein zu lernen ist eine unendliche, aber ungemein spannende und erlebnisreiche Reise. Weinseminare sind ein wunderbarer Ort für eine Zwischenstation. Hier bekommen Sie wertvollen inhaltlichen Input und können Ihre Verkostungskompetenz unter Anleitung weiterentwickeln. Bei den meisten Angeboten handelt es sich um rund dreistündige Abendkurse und es werden in der Regel zehn verschiedene Weine verkostet – idealerweise im Paar, denn dann lassen sich Vergleiche anstellen. Einführungskurse bieten einen ersten Überblick über die große Angebotsvielfalt. Sie lernen die gängigsten Weinstile und Etikettenbezeichnungen kennen und trainieren die Fähigkeit, Ihre Verkostungseindrücke sprachlich auszudrücken. Weiterführende Angebote nehmen einzelne Rebsorten oder Weinbaugebiete unter die Lupe oder beschäftigen sich mit den Gesetzmäßigkeiten beim Kombinieren von Wein und Speisen.

Auf der Suche nach dem für Sie passenden Anbieter sollten Sie darauf achten, dass Sie nicht in eine reine Verkaufsveranstaltung geraten. Im Unterschied zu den vielen Weinproben bei Winzern oder Fachhändlern, die in erster Linie der Verkaufsförderung dienen, wird in einem seriösen Seminar kein Wein verkauft. Hin und wieder trifft man zwar auf gute Seminarleiter, die im Hauptberuf Angestellte eines Weingutes oder Händlers sind, in der Regel werden Sie jedoch davon profitieren, wenn Sie eine Veranstaltung bei einem unabhängigen Lehrer oder Referenten buchen. Er sollte allerdings sowohl über eine anerkannte Fachausbildung als auch über pädagogisches Feingefühl verfügen.

Seminarangebot »Weinkompetenz im Businessalltag«

Ich selbst habe – analog zu dem vorliegenden Buch – spezielle Seminarformate entwickelt, die auf die besonderen Bedürfnisse von jungen Führungskräften zugeschnitten sind, die in ihrem Businessalltag immer wieder mit dem Thema Wein in Berührung kommen. Es handelt sich um durchdachte Programme, die zunächst für die wichtigsten Situationen (Geschäftsessen, Reisen etc.) und Kommunikationen (Small Talk) passende Tools an die Hand geben, um im Kundenkontakt und Kollegenkreis eine gute Figur zu machen. Für alle, die nach einem profunderen Weinverständnis suchen, werden attraktive Vertiefungsangebote bereitgehalten.

Das Seminarprogramm »Weinwissen für junge Führungskräfte« wird zum einen auf der Plattform www.staudt-weincoaching.de als mehrwöchiges modulares Onlinetraining angeboten. Tutoring und Nachbetreuung sichern hier dauerhafte Lerntransfers. Präsenzseminare werden in mehreren deutschen Großstädten in Zusammenarbeit mit Business-Seminaranbietern und Einrichtungen der beruflichen Weiterbildung angeboten, sind aber auch als Inhouse-Schulung buchbar. Weitere Informationen hierzu erhalten Sie auf dem Portal www.staudt-weinseminare.de, dem Blog www.weinwissenkompakt.de und gerne auch per Mail unter info@staudt-weinseminare.de.